RECUEIL
DE PLANCHES
DU
DICTIONNAIRE
DES BEAUX-ARTS,

FAISANT PARTIE DE L'ENCYCLOPÉDIE MÉTHODIQUE
PAR ORDRE DE MATIÈRES.

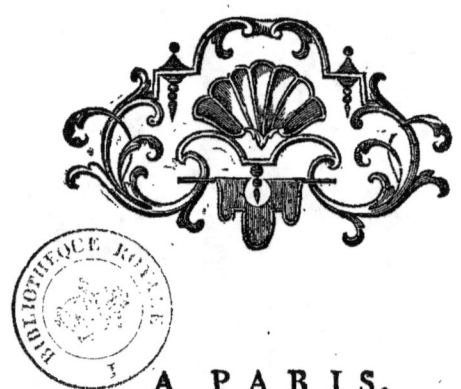

A PARIS,

Chez H. AGASSE, imprimeur-libraire, rue des Poitevins, n°. 18.

AN 13. — 1805.

ÉTAT DES PLANCHES
DU
DICTIONNAIRE DES BEAUX-ARTS,

Faisant partie de l'Encyclopédie méthodique par ordre de matières (1).

NUMÉROS
DE CHAQUE
DIVISION.

COMPOSITION ET EXPRESSION (2).

1...La manne du Poussin. — *Planche double.*

ANATOMIE.
OSTÉOLOGIE.

1...Squelette vu par-devant.
2...Squelette vu de côté.

MYOLOGIE.

1...Écorché, vu de face.
2...Écorché, vu par le dos.

DESSIN.

1...Vue d'une école de dessin : son plan et son profil.
2...Instrumens de dessin, tels que porte-crayon, etc.
3...Pantographe. — *Planche double.*
4...Chambre obscure.
5...Même sujet.
6...Mannequin.
7...Développemens du mannequin.
8...Ovales de têtes vues de face, de trois quarts, de profil, etc.
9...Principes ; parties de la tête, prises séparément.
10...Même sujet.
11...Têtes, d'après Raphaël.

---

(1) Pour la disposition des planches, nous avons adopté l'ordre alphabétique des différentes parties qui constituent les beaux-arts, comme étant le plus commode. Nous n'indiquons dans cet état, que les planches doubles ; toutes les autres sont simples.

(2) La planche intitulée *Composition et expression* est la seule qui appartienne à la théorie. Elle sert en quelque sorte de frontispice à la présente collection. A cet effet, nous ne pouvions mieux choisir que ce beau modèle de composition, qui est un chef-d'œuvre du Poussin.

ÉTAT DES PLANCHES.

SUITE DU DESSIN.

12...Mains.
13...Jambes et pieds.
14...Proportions générales de l'homme, pour préparer à l'étude des académies.
15...Figure académique.
16...Idem.
17...Idem.
18...Idem.
19...Figures groupées.
20...Figure académique.
21...Idem.
22...Groupe d'enfans, d'après Boucher.
23...Têtes représentant les âges.
24...Expression des passions, d'après Lebrun.
25...Même sujet.
26...Même sujet.
27...Draperie jetée sur le mannequin.
28...Draperies.
29...Même sujet.
30...Pensée ou croquis.
31...Étude.
32...Étude de paysage.
33...Proportions de l'Hercule Farnèse.
34...Proportions de l'Antinoüs.
35...Proportions de l'Apollon du Belvedère.
36...Proportions du Laocoon.
37...Proportions du Gladiateur.
38...Proportions de la Vénus de Médicis.

FONTE DES STATUES ÉQUESTRES (1).

1...Coupe de l'atelier dans sa longueur.
2...Plan du moule de plâtre, pris au droit de la première assise.
3...Élévation et coupe en partie du moule de plâtre, prise sur une des faces latérales.
4...Représentation particulière d'une chape, avec différentes pièces qu'elle embrasse.
5...Coupe du moule de plâtre, revêtu de ses cires et remonté dans la fosse.
6...Coupe et profil de la statue équestre.
7...Moule de plâtre dans son châssis de charpente.
8...La statue équestre, formée en cire, avec la ramification entière de ses jets, de ses évents, etc. etc.
9...Coupe du moule de potée; la statue formée en cire; conduite des jets, évents et des égoûts en cire.
10...Plan géométral de l'échéno.

---

(1) Ces dix planches sont doubles.

ÉTAT DES PLANCHES.

GRAVURE.

GRAVURE EN TAILLE-DOUCE.

NUMÉROS
DE CHAQUE
DIVISION.

1... Vignette ; atelier de gravure, instrumens.
1 *bis*. Même sujet.
2... Manière de vernir au vernis dur et au vernis mou.
3... Préparation pour calquer ; manière de graver à l'eau-forte, et celle de graver au burin.
4... Manière de tracer un sujet qui doit être entiérement gravé au burin. — *Planche double.*
5... Manière de faire mordre à l'eau-forte de départ, et à l'eau-forte à couler.
6... Machine à balotter, inventée par M. Watelet, pour faire mordre à l'eau-forte à couler. — *Planche double.*
7... Gravure en manière noire.
8... Gravure en manière de crayon.

GRAVURE EN BOIS

1... Vignette ; atelier, outils.
2... Même sujet.
3... Principes de la gravure en bois ; modèles des différentes tailles.

GRAVURE EN CACHETS.

1... Vignette ; atelier, outils.
2... Même sujet.

GRAVURE EN MÉDAILLES.

1... Vignette ; atelier, outils.
2... Même sujet.

GRAVURE EN PIERRES FINES.

1... Vignette ; atelier, outils.
2... Même sujet.

GRAVURE SUR VERRE.

1... Instrumens de cette manière de graver (1).

---

(1) On n'a point donné de planches pour la gravure pointillée au burin ou à la roulette, parce qu'elles ont semblé inutiles ; mais on a oublié de dire que, dans ce genre de gravure au burin, on ne présente pas la pointe du burin sur le cuivre, du côté de la vive arête, comme dans la gravure en tailles, mais du côté du biseau, et qu'on se sert ordinairement de burins courbes, au lieu que, pour la gravure en tailles, on préfère les burins droits.

ÉTAT DES PLANCHES.

PEINTURE.

PEINTURE EN ÉMAIL.

NUMÉROS DE CHAQUE DIVISION.

1... Vignette ; atelier, instrumens.
2... Même sujet.

PEINTURE A L'ENCAUSTIQUE.

1... Ustensiles de la peinture à l'encaustique.

PEINTURE A L'HUILE.

1... Vignette ; atelier, palettes et pinceaux.
2... Boîtes à couleurs.
3... Grand échafaud à roulettes.
4... Chevalet.
5... Le chevalet vu d'angle.
6... Le chevalet vu de face.

PEINTURE EN MINIATURE.

1... Ustensiles à l'usage de peindre en miniature.

PEINTURE SUR VERRE.

1... Instrumens et ustensiles de la peinture sur verre.
2... Fourneau de la famille le Niel.

PERSPECTIVE.

1... Perspective pratique.
2... Même sujet.
3... Même sujet.
4... Même sujet.
5... Même sujet.
6... Même sujet.
7... Même sujet.
8... Même sujet.
8 bis. Même sujet.
9... Même sujet.
10... Même sujet.
11... Même sujet.
12... Même sujet.
13... Même sujet.
14... Même sujet (1).

---

(1) Pour les explications et les détails relatifs à la perspective, il faut consulter le tome II du Dictionnaire des Beaux-Arts de l'Encyclopédie méthodique par ordre de matières, où la *pratique* des beaux-arts est traitée dans un Dictionnaire à part. La perspective a été décrite par un habile artiste (M. Robin, peintre d'histoire), avec beaucoup de clarté.

ÉTAT DES PLANCHES.

SCULPTURE.

SCULPTURE EN TERRE ET EN PLATRE.

NUMÉROS DE CHAQUE DIVISION.

1...Vignette; atelier de sculpture en terre et en plâtre à la main, outils.
2...Outils des sculpteurs en terre.
3...Suite des outils des sculpteurs en terre, et outils des sculpteurs en plâtre.
4...Suite des outils des sculpteurs en plâtre.
5...Même sujet.

MOULEURS EN PLATRE.

1...Vignette; atelier des mouleurs en plâtre, outils et ouvrages.
2...Moules et ouvrages.

ÉLÉVATION DU MARBRE.

1...Vignette; l'opération d'élever un bloc de marbre, cric qui aide à élever le marbre, outils.
2...Mouffles, pince et rouleau pour élever le marbre.
3...Instrumens qui servent à monter le marbre.

TRAVAIL DU MARBRE.

1...Vignette; atelier, différentes opérations pour le travail du marbre, et outils.
2...Plan, coupe, élévation et perspective de la selle pour poser le bloc de marbre.
3...Équerres, meules, outils, etc.
4...Différens outils pour travailler le marbre, et machine pour transporter les figures sculptées.
5...Vignette; opération de traîner le marbre, et machine pour poser les figures à leurs places. — *Planche double.*

SCULPTURE EN BOIS.

1...Vignette; atelier du sculpteur en bois, et outils.

N. B. Toutes les Vignettes représentent des dessins de Cochin, et bien des amateurs seront fort aises de comparer, dans ce genre, l'esprit de ce maître, au fini précieux, et peut-être trop recherché qu'ont adopté, de nos jours, les artistes. Ainsi une suite de planches qui pourraient n'être que *techniques*, offre des morceaux qu'on doit regarder comme des estampes.

La présente Collection est composée de cent planches simples, et de quinze planches doubles, qui équivalent ensemble à cent trente planches simples.

ADDITION
A L'EXPLICATION DES PLANCHES.
PERSPECTIVE.
Lois d'optique, qui y sont relatives.

Planche première. Emission des rayons lumineux sur l'organe de la vue, *fig.* 1. — Situation des objets regardés au fond de la rétine, *fig.* 2. — Les seules parties des objets parallèles à l'œil peuvent y pénétrer, *fig.* 3.

Planche II. Comment les objets nous semblent plus petits à proportion de leur éloignement, *fig.* 1. — Quelle distance proportionnelle il faut à un entier pour être apperçu, *fig.* 2. — Un carré, mis en perspective : point de distance, point de vue, ligne horizontale.

Planche III. Un parallélogramme en perspective, *fig.* 1. — Un parallélogramme distant du bord du tableau en perspective, *fig.* 2. — Un cercle en perspective, *fig.* 3. — Un cercle en perspective par une autre méthode, *fig.* 4.

Planche IV. Points donnés en perspective, *fig.* 1. — Plan irrégulier en perspective, *fig.* 2. — Lozange ou plan vu par l'angle en perspective, *fig.* 3. — Plan déclinant de l'horizon ; points accidentaux, *fig.* 4.

Planche V. Solide de forme carrée et de mesure demandée, en perspective, *fig.* 1. — Pierres en talus, *fig.* 2. — Solides vus par l'angle, avec retraites et hauteurs, escalier, *fig.* 3.

Planche VI. Méthode du treillis perspectif, *fig.* 1. — Solide vu par l'angle à distance donnée. — Figures à placer sur divers plans, *fig.* 2. — Solide élevé au dessus de terre, *fig.* 3.

Planche VII. Donner au point de distance dans le tableau, la valeur de tel éloignement qu'on pourra desirer, *fig.* 1. — Méthode mécanique pour trouver les places et hauteurs des objets à copier sans opération perspective, *fig.* 2. — Principes démontrés sur la perspective des plafonds, *fig.* 3.

Planche VIII. Ouverture d'une croisée vue en plafond, en perspective, d'après les principes établis en la *figure* 3 de la *planche VII*, *fig.* 1. — Placer en plafond des objets de dimensions données, *fig.* 2.

Planche VIII bis. Mettre en plafond une corniche avec pilastres et couronnement, *fig.* 3. — Même corniche que la précédente, avec pilastres, placée dans l'intérieur du plafond à une profondeur donnée, *fig.* 3 *bis*.

Planche IX. Mettre une corniche en perspective au plafond, le point de vue étant au centre, *fig.* 1. — Mettre une corniche en perspective au plafond, le point de vue étant de côté, *fig.* 2.

Planche X. Perspective des ombres. Ombre portée par les grands corps lumineux, tels que le soleil, *fig.* 1. — Ombre portée par le soleil, l'objet étant parallèle au tableau, *fig.* 2. — Ombre portée par la lumière du soleil, étant hors du tableau et éclairant l'objet de face, *fig.* 3. — Ombre portée par un flambeau, *fig.* 4. — Ombre portée par un flambeau et interceptée par un solide, *fig.* 5.

(2)

Planche XI. Démonstration de la marche des rayons réfléchissans, *fig.* 1. — Suite des mêmes principes relatifs à un objet étendu, *fig.* 2. — Dimension à donner à l'objet réfléchi, *fig.* 3. — Egalité de distance et de grandeur entre l'objet réfléchissant et l'apparence de l'objet réfléchi, *fig.* 4.

Planche XII. Apparence de réflexion d'un corps droit au bord de l'eau, *fig.* 1. — Apparence de réflexion d'un corps incliné au bord de l'eau, *fig.* 2. — Apparence de réflexion d'un corps élevé sur un autre corps au bord de l'eau, *fig.* 3. — Apparence de réflexion d'un corps élevé et éloigné du bord de l'eau, *fig.* 4.

Planche XIII. Perspective des théâtres. — Plan des coulisses d'un théâtre, sur des proportions données.

Planche XIV. Mesures perspectives pour les décorations théâtrales.

ERRATA POUR LE TRAITÉ DE PERSPECTIVE,

Dans le second volume du Dictionnaire des Beaux-Arts de l'Encyclopédie méthodique par ordre de matières.

Page 725, deuxième colonne, quatrième alinéa, dixième ligne, *sans lui*, mettez : *sans eux*.
Page 727, deuxième colonne, ligne antépénultième, après *point h*, mettez : *en a*.
Page 729, article VIII, première colonne, dernier alinéa. Il en est de même du solide tronqué, *fig.* 2 *bis*, de même hauteur que l'échelle A, B, et tronqué depuis la hauteur *e c*, jusqu'à celle *e e*. Elevez les lignes du plan *a*, *b*, jusqu'au sommet *e e*, tendant au point pris pour l'échelle commune aux deux figures 2, et 2 *bis*. Baissez des points *e*, *g* des aplombs, jusqu'à la section formée par la mesure venant de C ; à l'aplomb X : de là tirez au point cité, et où la perpendiculaire K, venant du plan perspectif, coupe à la hauteur C, la perpendiculaire *g*, *x*, et celle *e*, *k*; arrêtez votre talus convenu, dont toutes les parties seront en perspective.
Idem, deuxième colonne, ligne 24, après *d*, mettez : *à*.
Page 730, deuxième colonne, septième ligne, au lieu de *pour*, mettez : *afin de ne pas embarrasser*.
Page 731, ligne pénultième, au lieu de *pl. IV*, mettez : *pl. VII*.
Page 732, fin du premier alinéa, après en B, mettez : *ou à cinq pieds du point de vue* A.
Idem, troisième alinéa, quatrième ligne, au lieu de *ligne a* 8, mettez : *ligne A* 8.
Page 733, fin du second alinéa, après le mot perspective, ajoutez : *et sans varier son regard*.
Page 734, ligne 20 du quatrième alinéa, au lieu de *prendre*, mettez : *peindre*.
Page 735, quatrième alinéa, troisième ligne, après *planche VIII*, mettez le mot *bis*, deuxième colonne.
Idem, à la ligne antépénultième, au lieu de la première lettre *c*, mettez une grande lettre C.
Page 736, seconde ligne, première colonne, au lieu de *cette figure*, lisez : *cet article*.
Idem, colonne id. deuxième ligne du second alinéa, après le mot *objet*, ajoutez : *comme dans cette figure*, 3 *bis*.
Page 739, première colonne, pénultième ligne du cinquième alinéa, au lieu de D E, mettez : A F. — Ligne dernière du même alinéa, au lieu de D F, mettez : D E.
Idem, deuxième colonne, troisième alinéa, ligne 12, après le mot *feuillage*. Au lieu du point, mettez une virgule, et ajoutez le point K, pour avoir le milieu du corps de l'ombre.
Même page et alinéa, ligne 14, après *d*, ajoutez : *et* K, I.
Idem, ligne 15, après *e*, *f*, ajoutez *et h*.
Page 741, cinquième alinéa, troisième ligne, au lieu de *pl. XII*, mettez : *pl. XIII*.

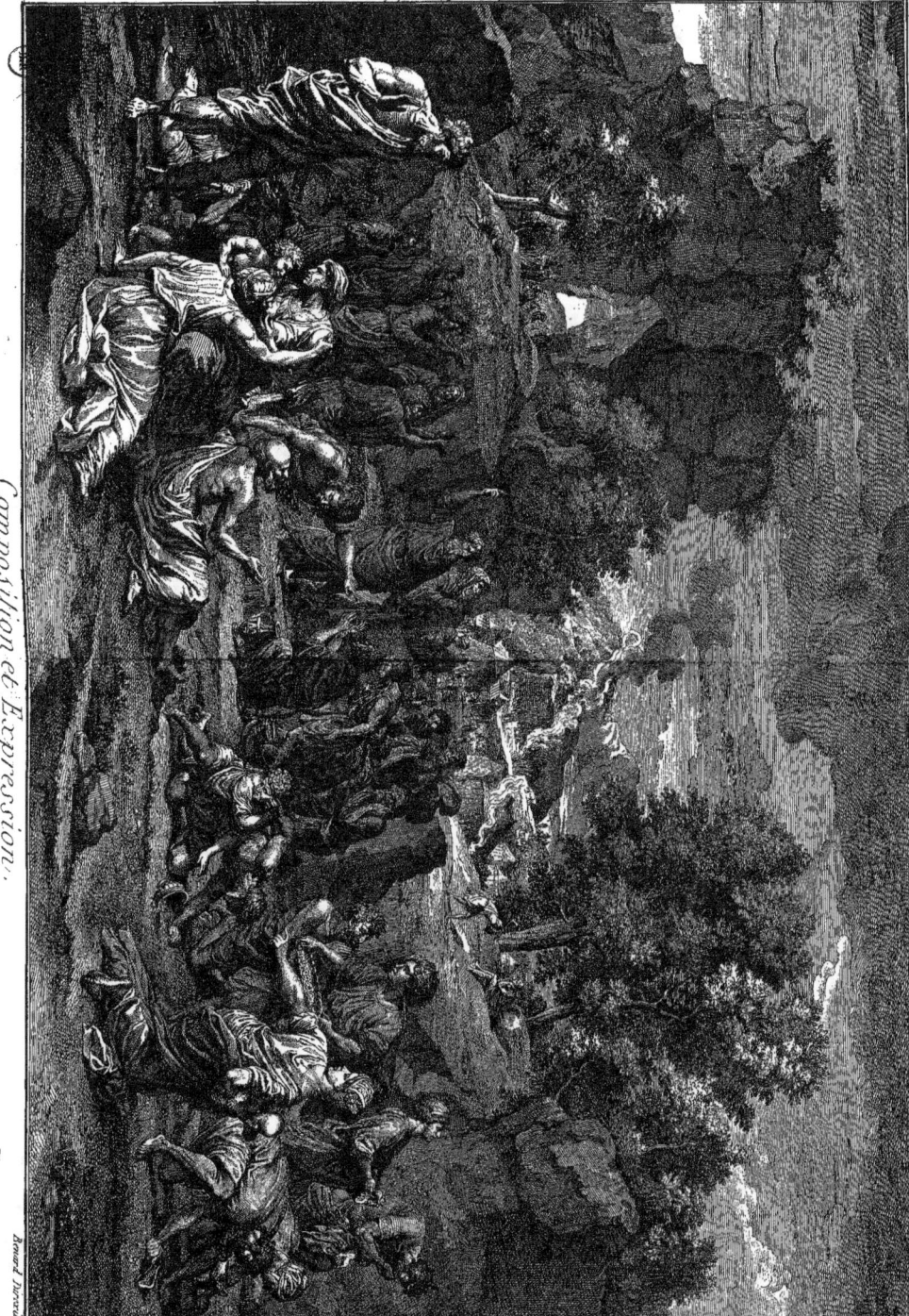

Composition et Expression.

Pl. 1.

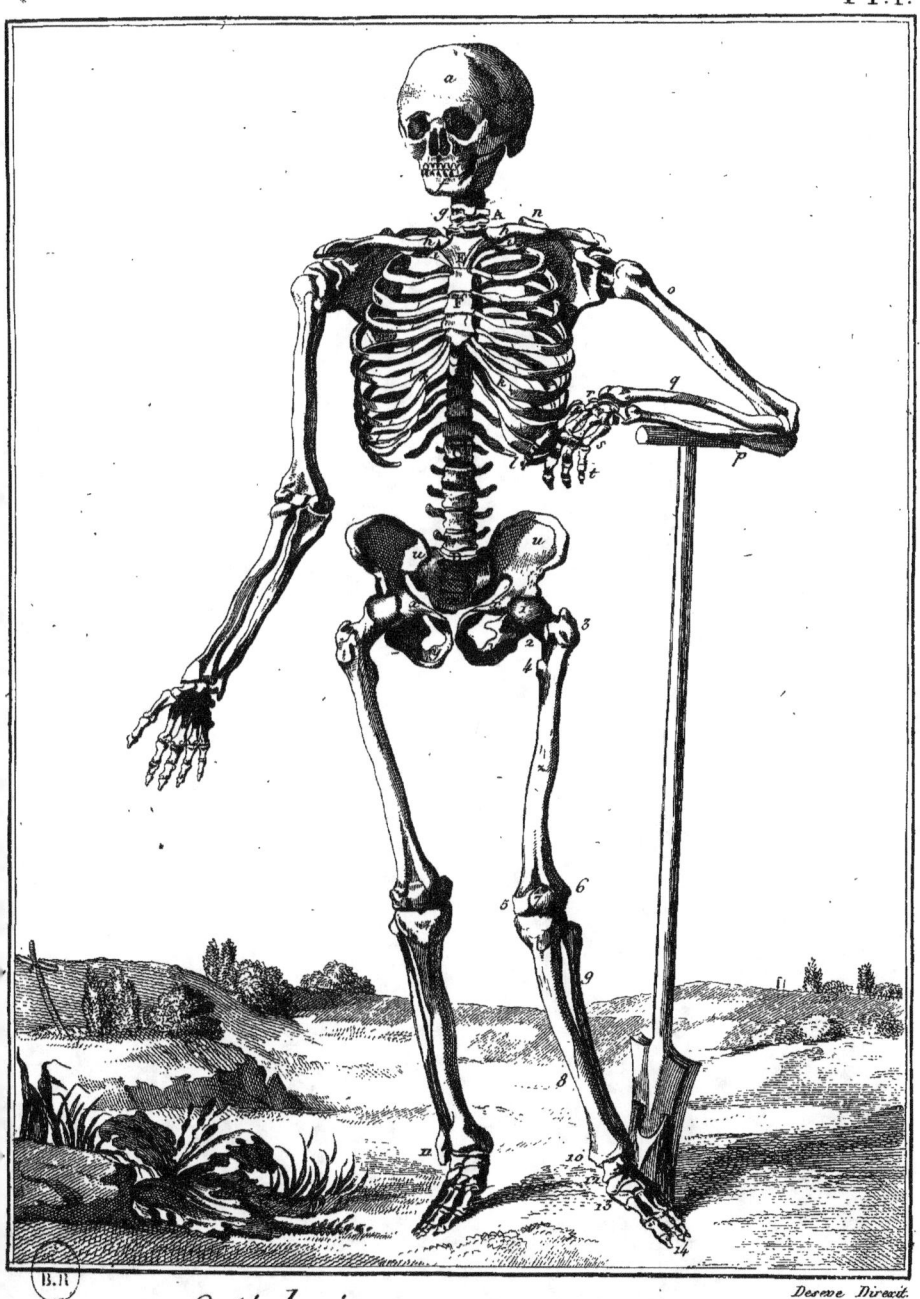

Ostéologie, *le Squelette vû pardevant*.

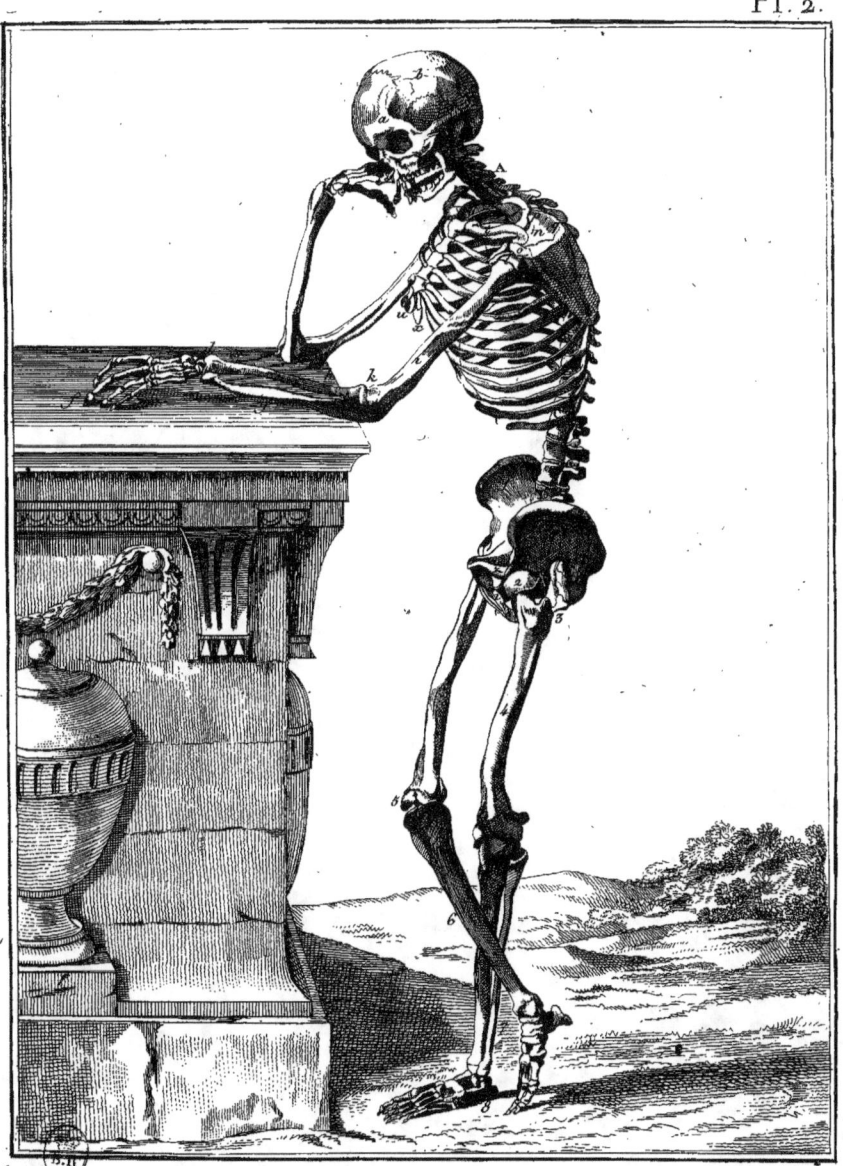

Ostéologie, le Squelette vû de côté.

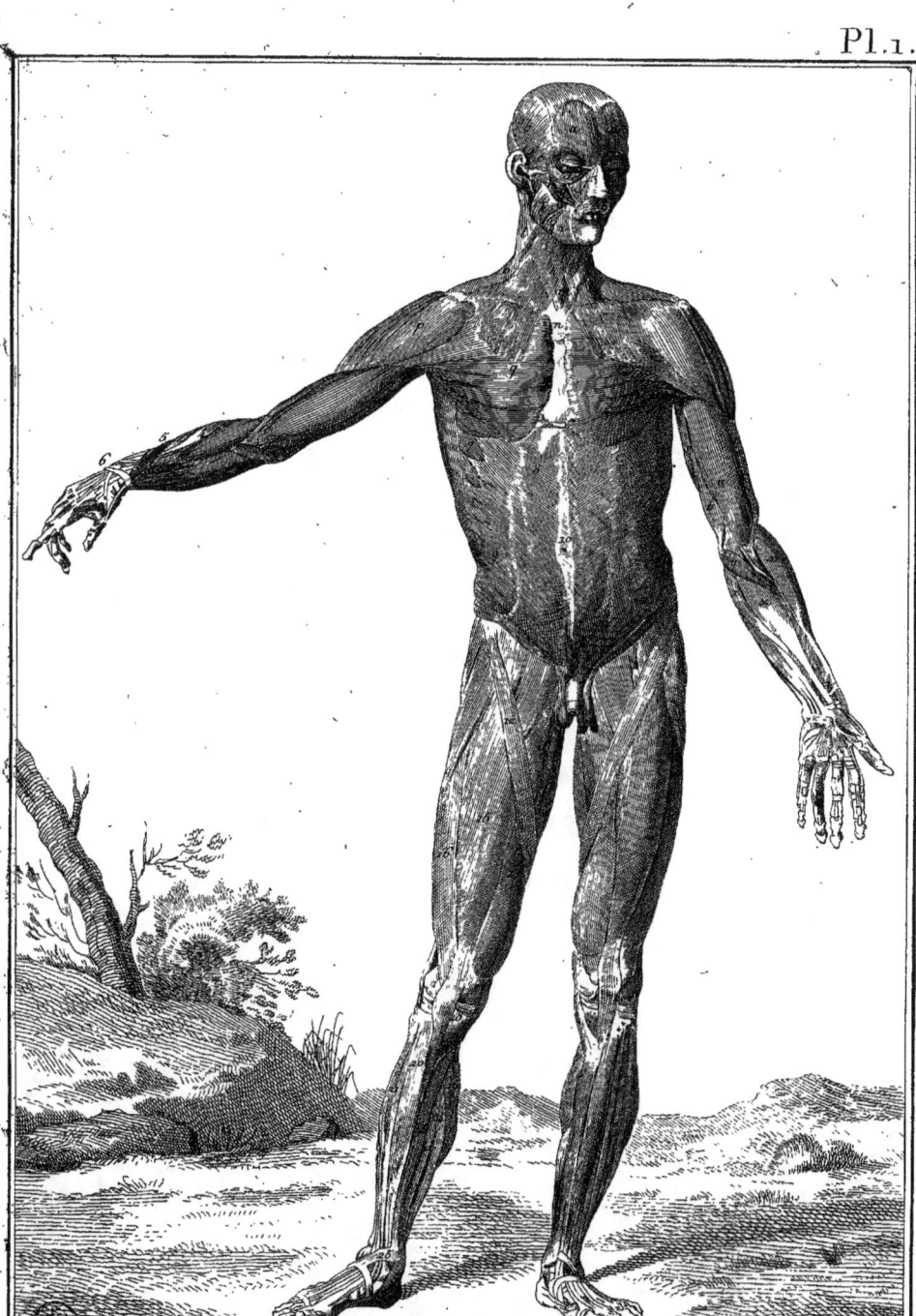

Myologie, Ecorché vu de face.

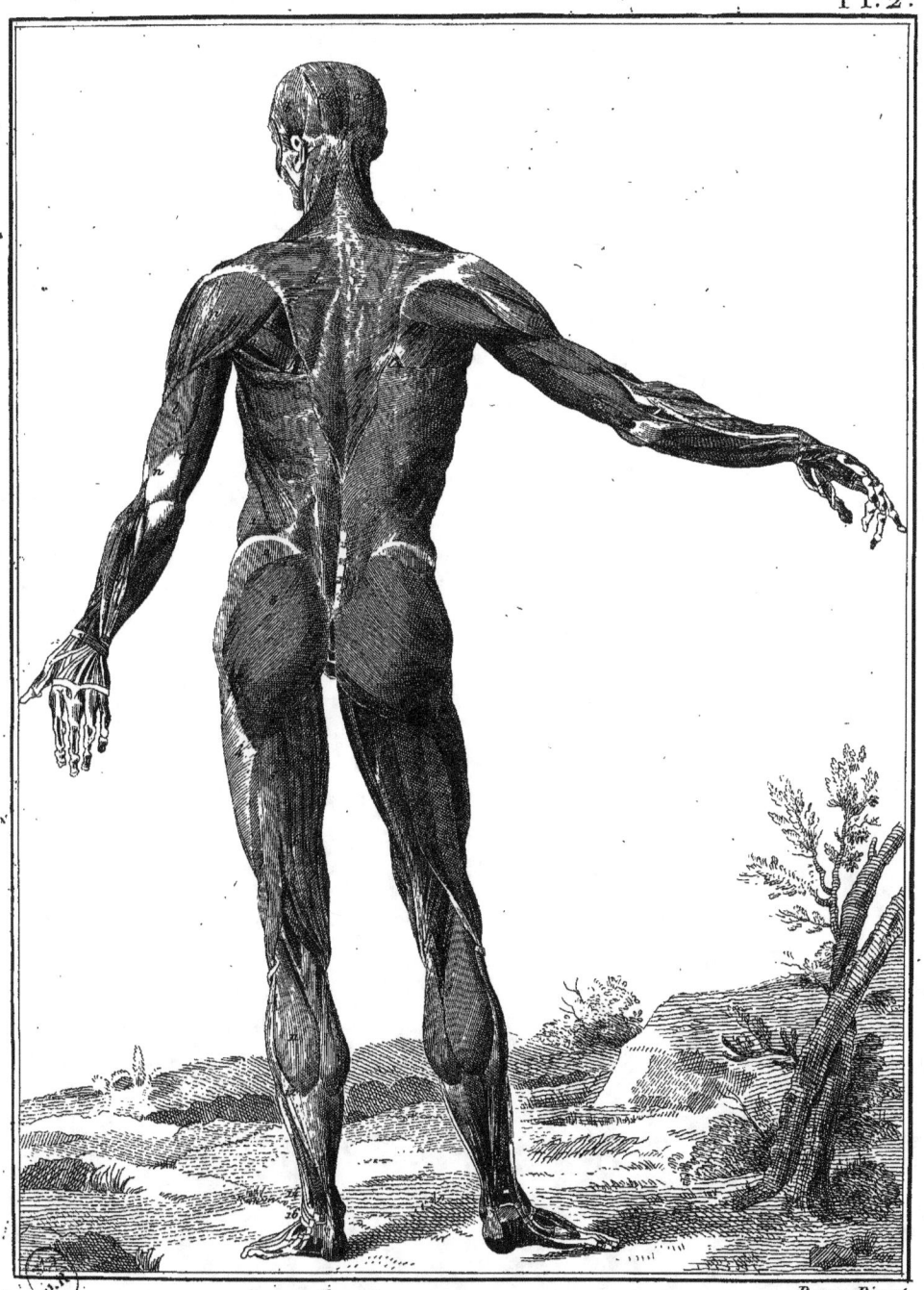

Myologie Ecorché vû par le dos.

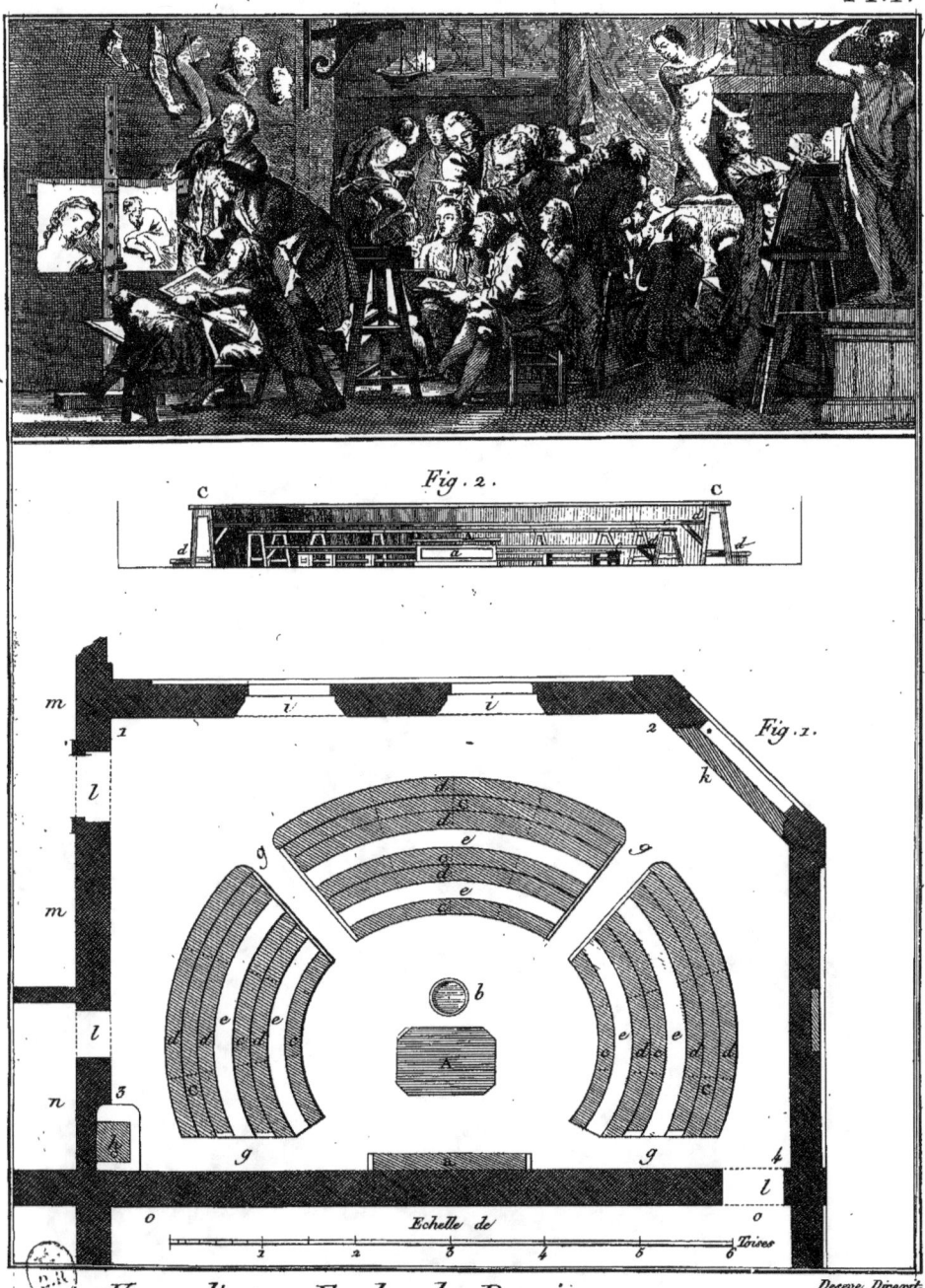

Pl.1.

Fig. 2.

Fig. 1.

Vue d'une Ecole de Dessin, son Plan et son profil.

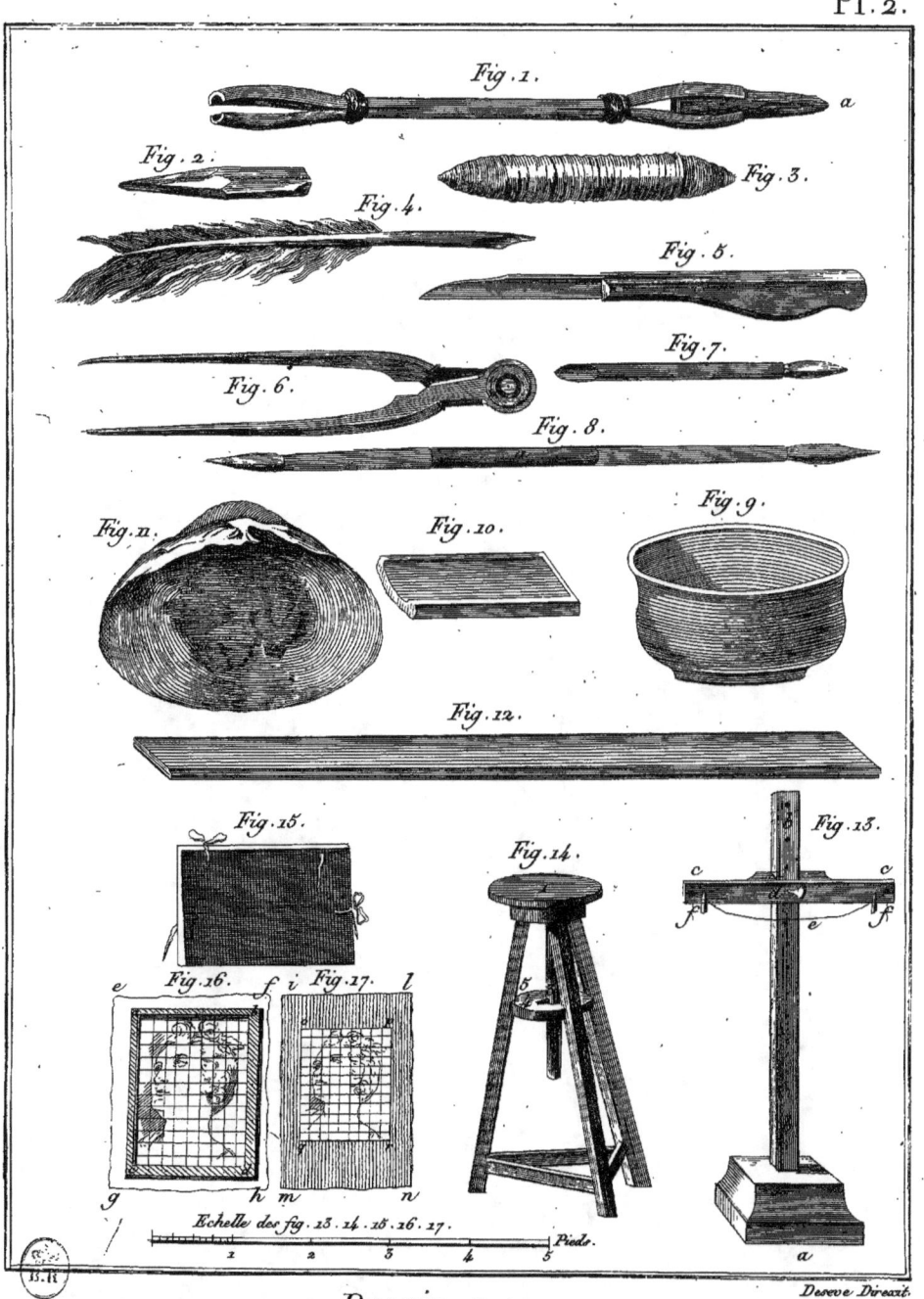

Dessin, Instrumens.

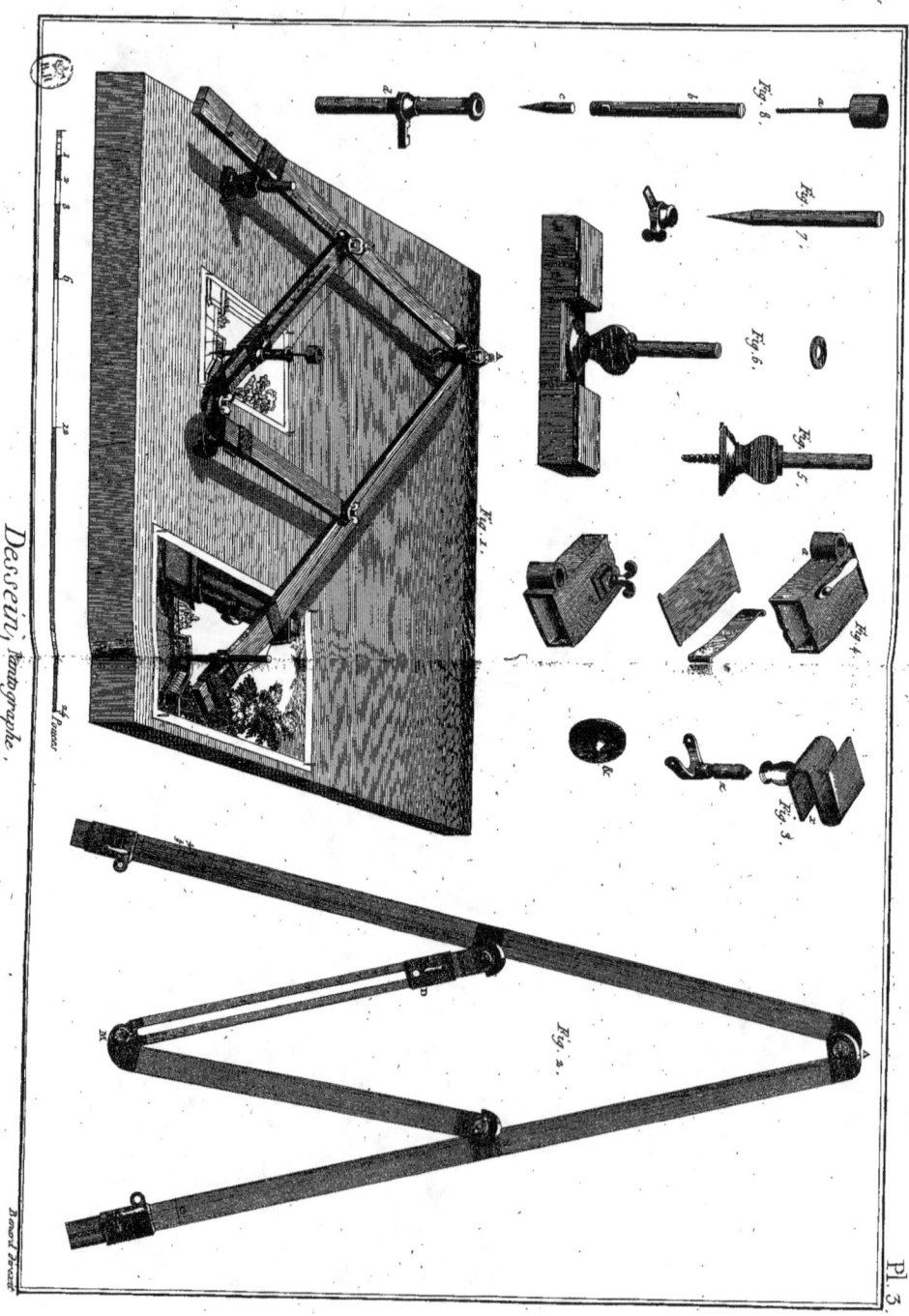

Dessein, Pantographe.

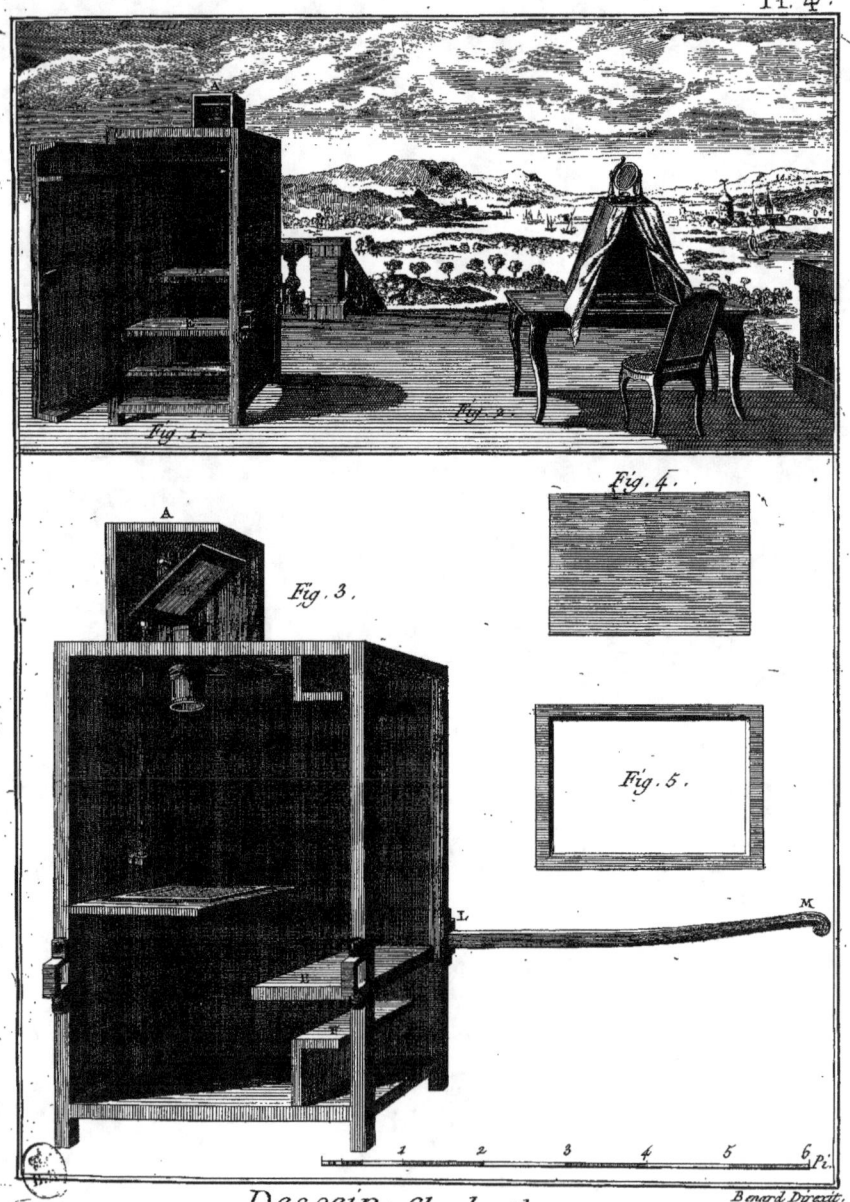

Dessein, Chambre Obscure.

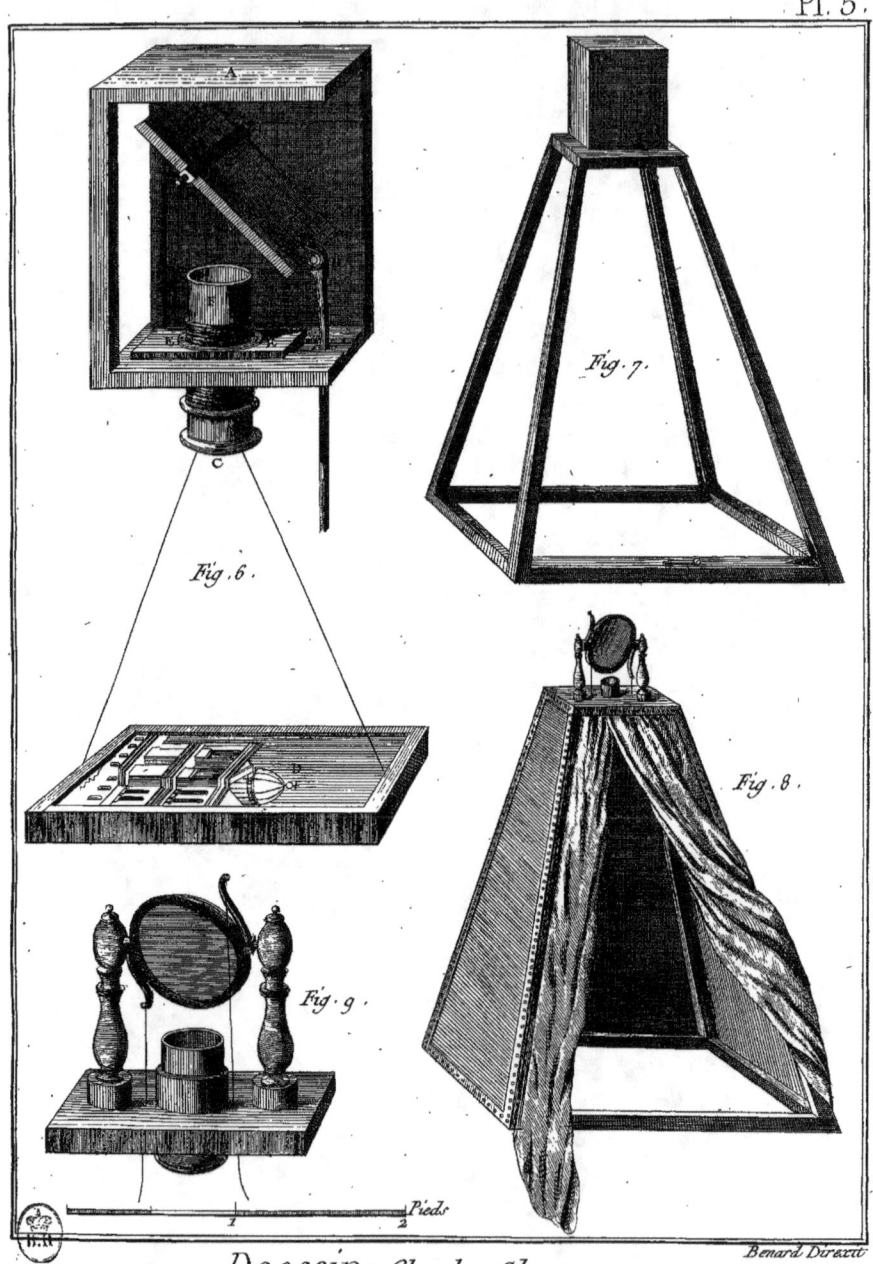

Dessein, Chambre Obscure.

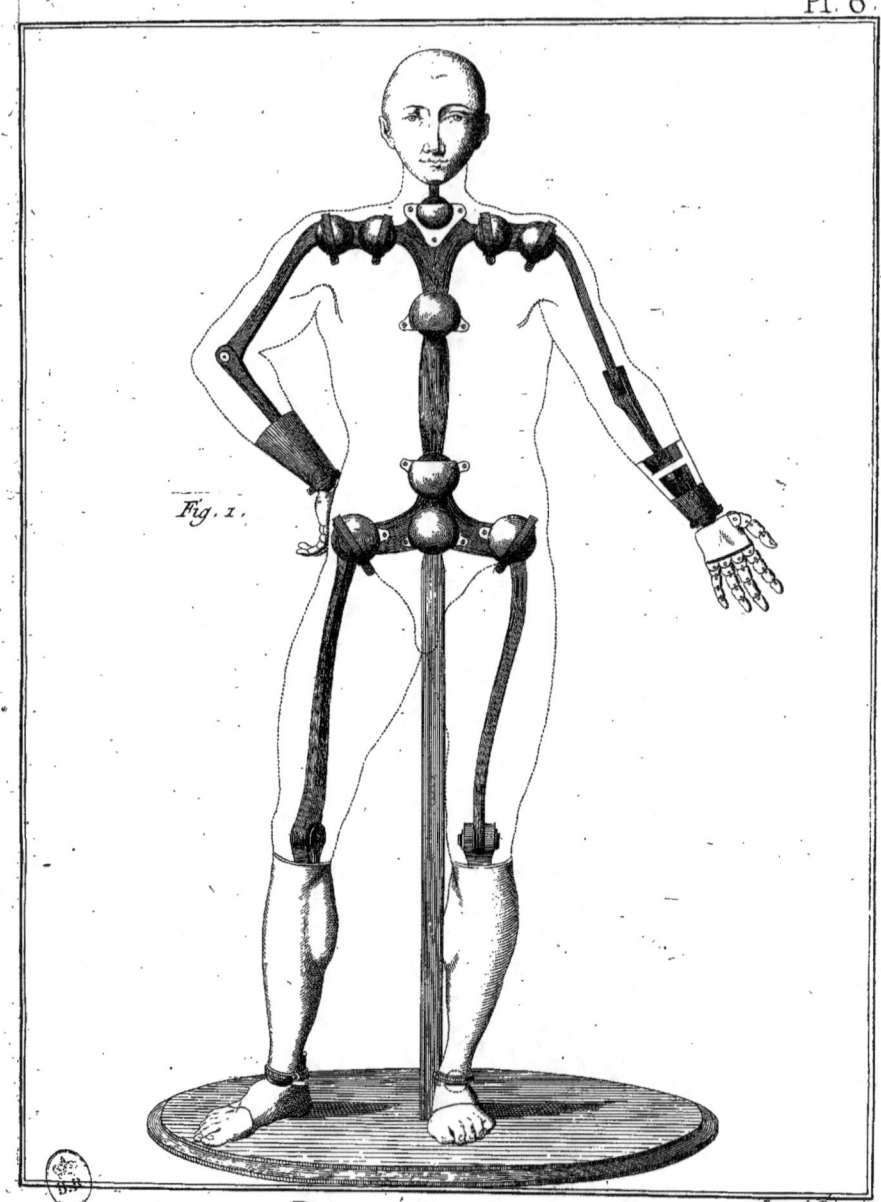

Fig. 1.

Dessein, Mannequin.

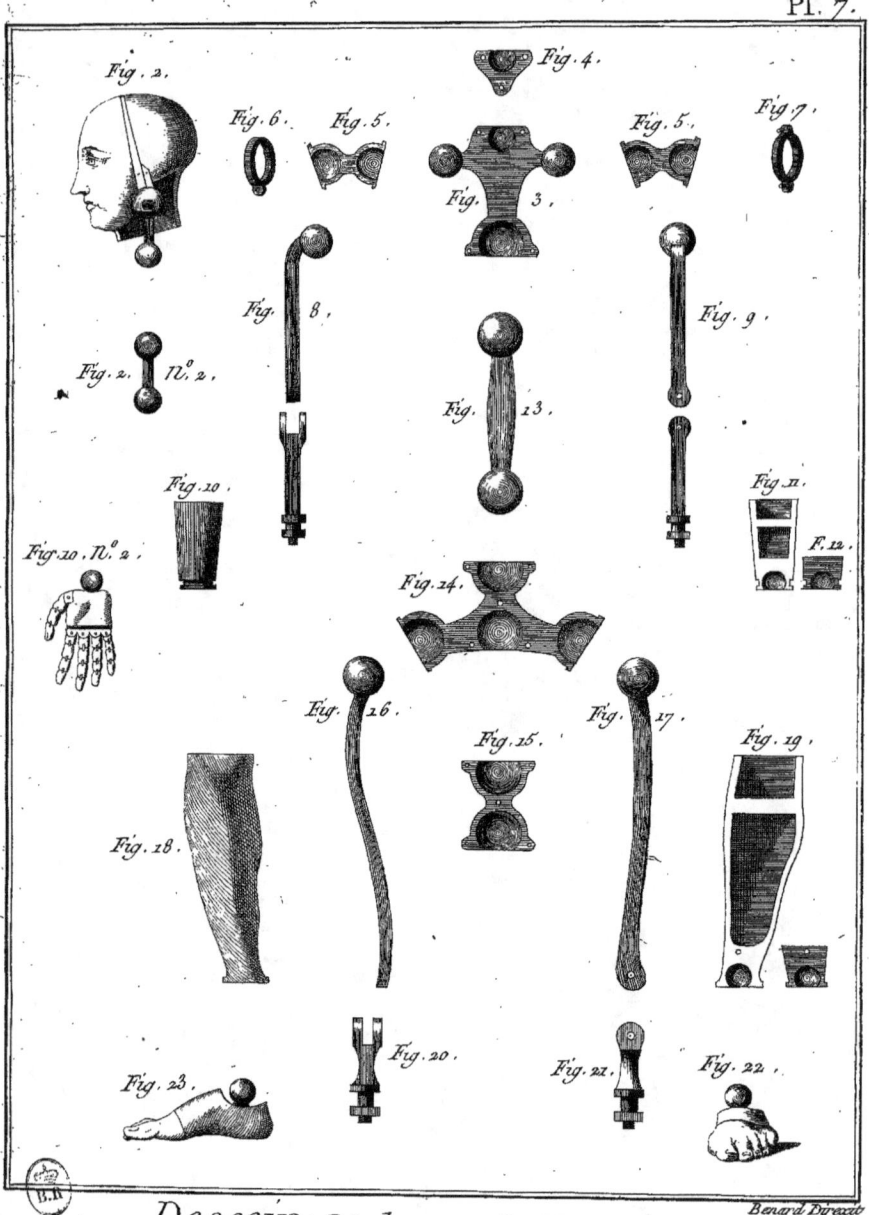

Dessein, Développemens du Mannequin.

Pl. 8.

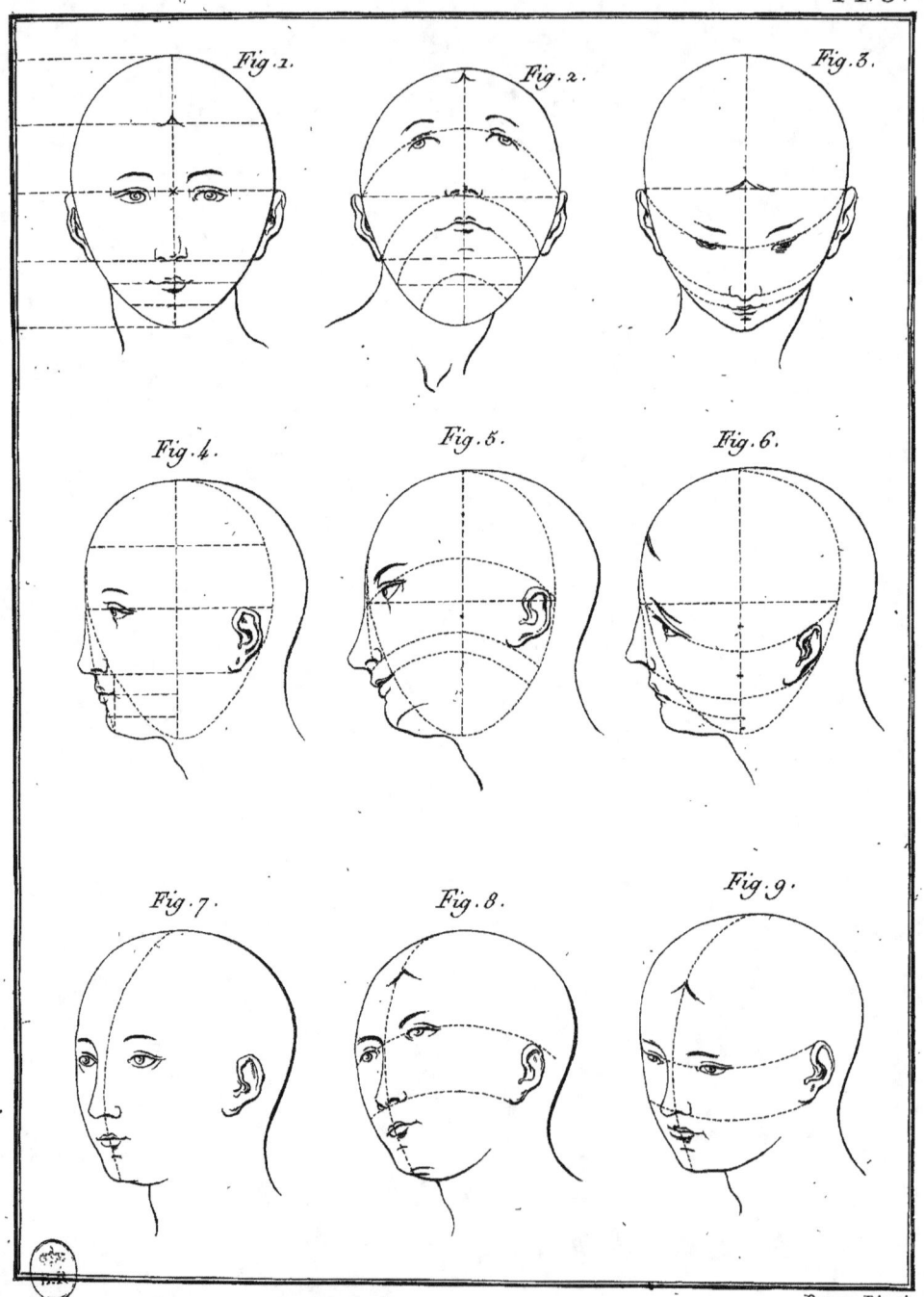

Dessin, Ovales de têtes.

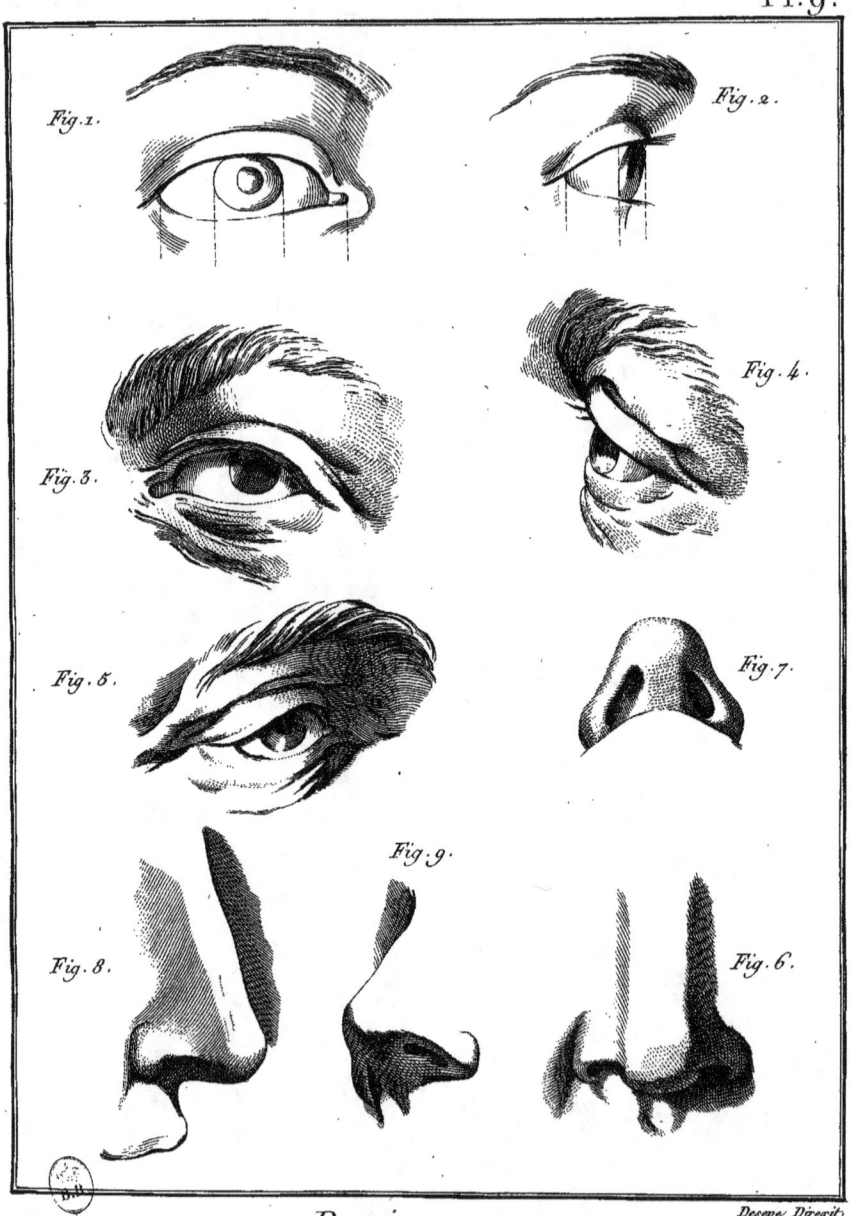

Dessin, Principes.

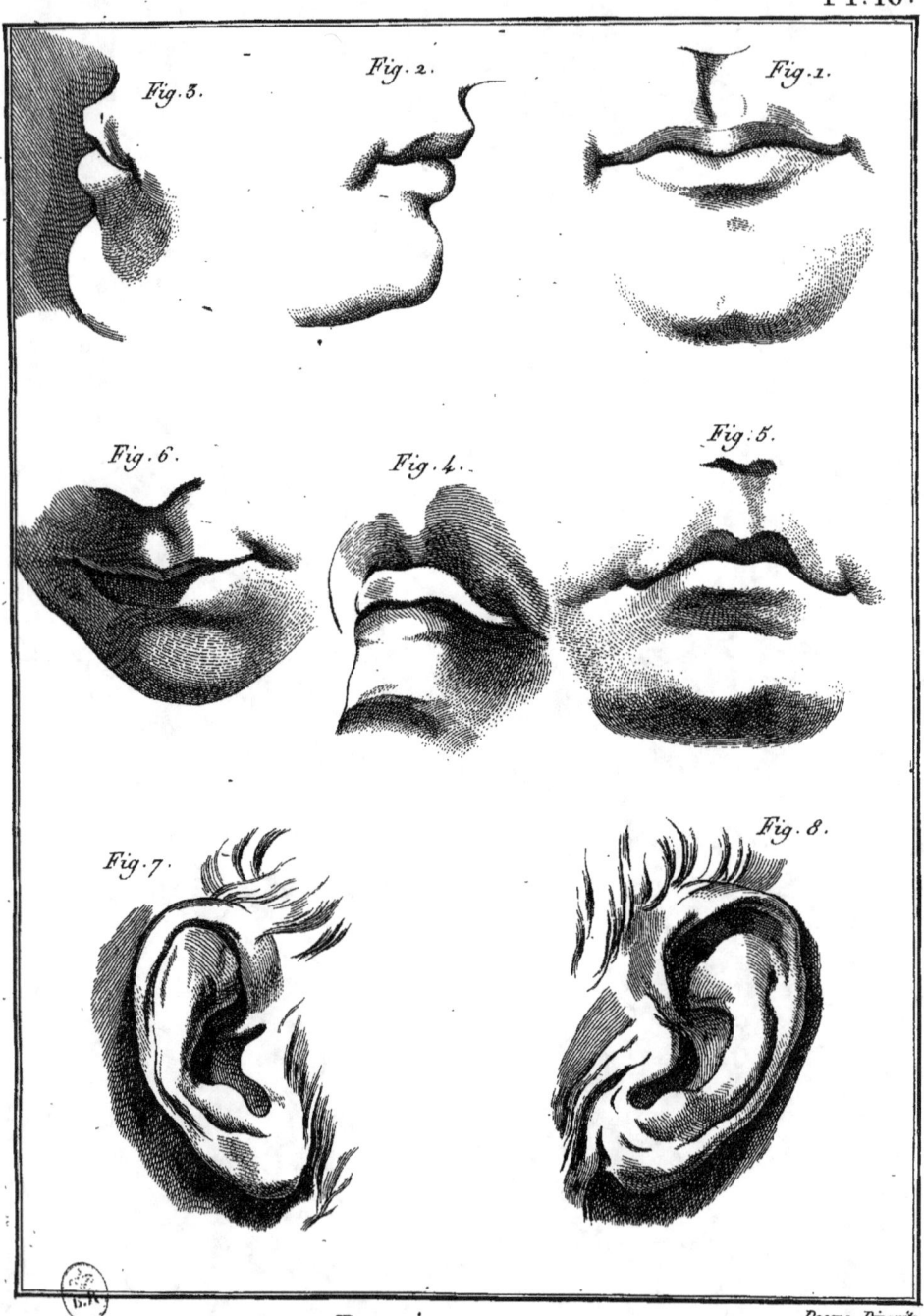

Dessin, Principes.

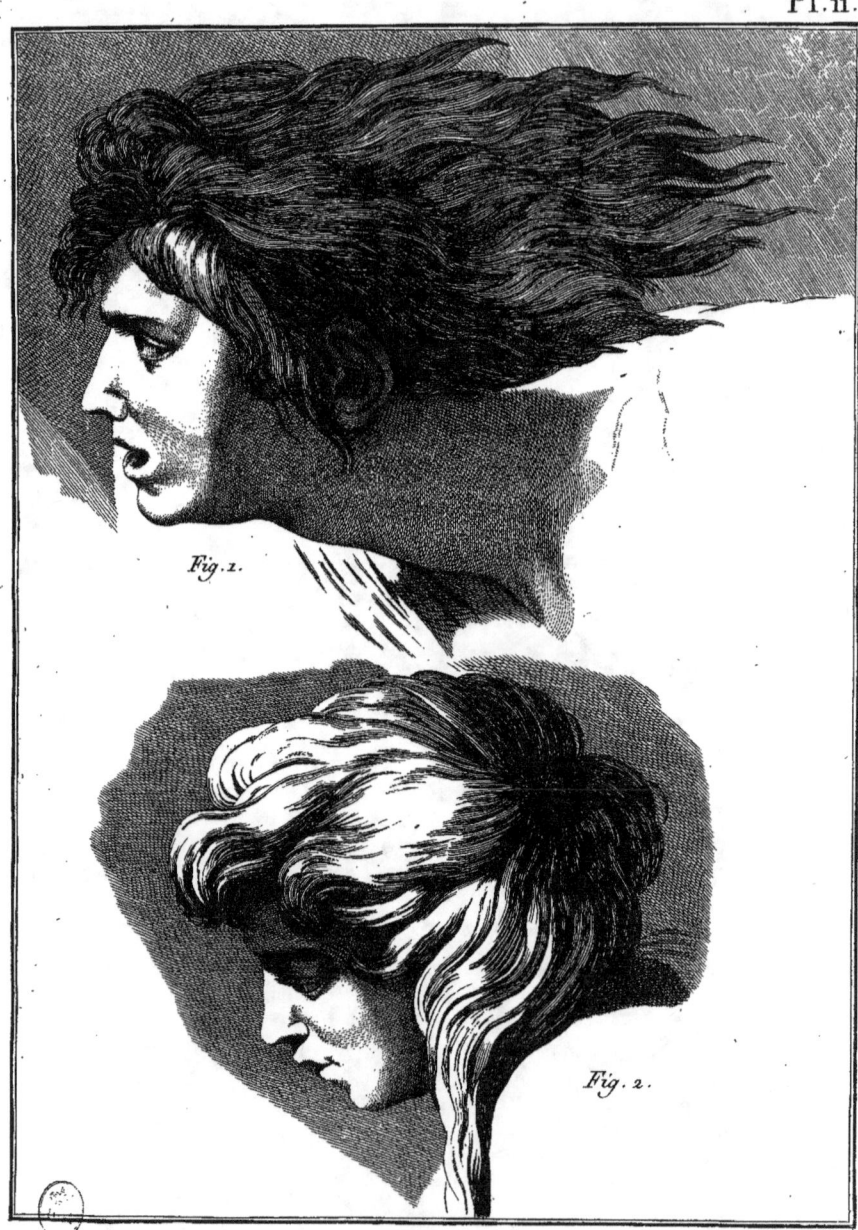

Dessin, Têtes d'après Raphael.

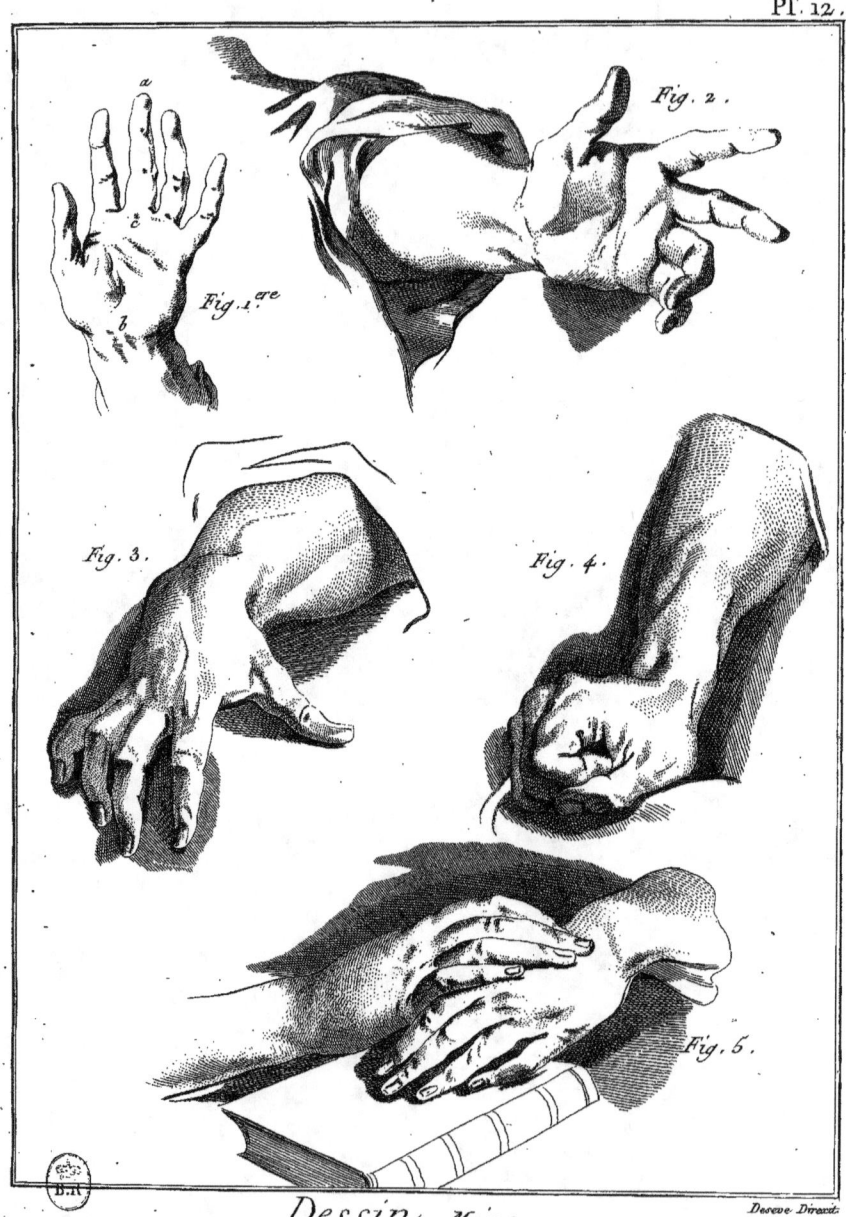

Dessin, Mains.

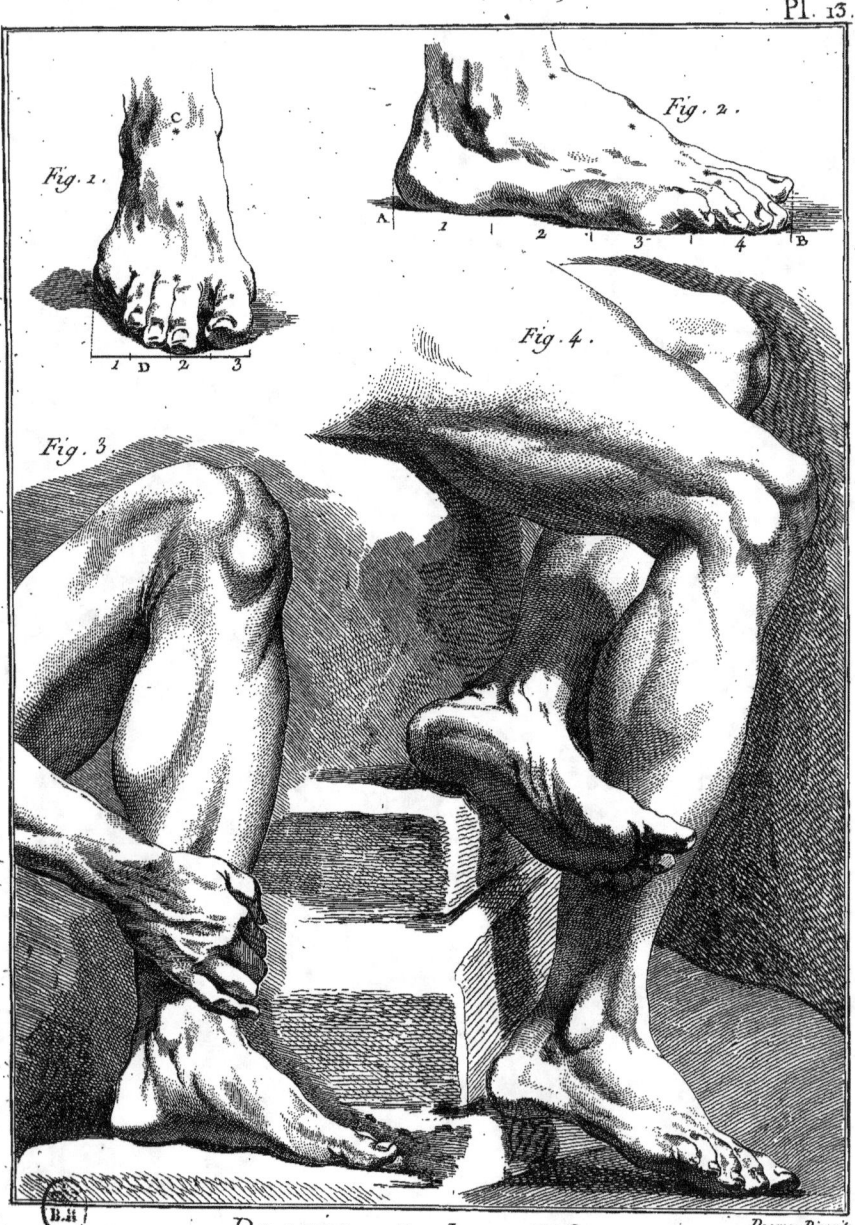

Dessin, Jambes et Pieds.

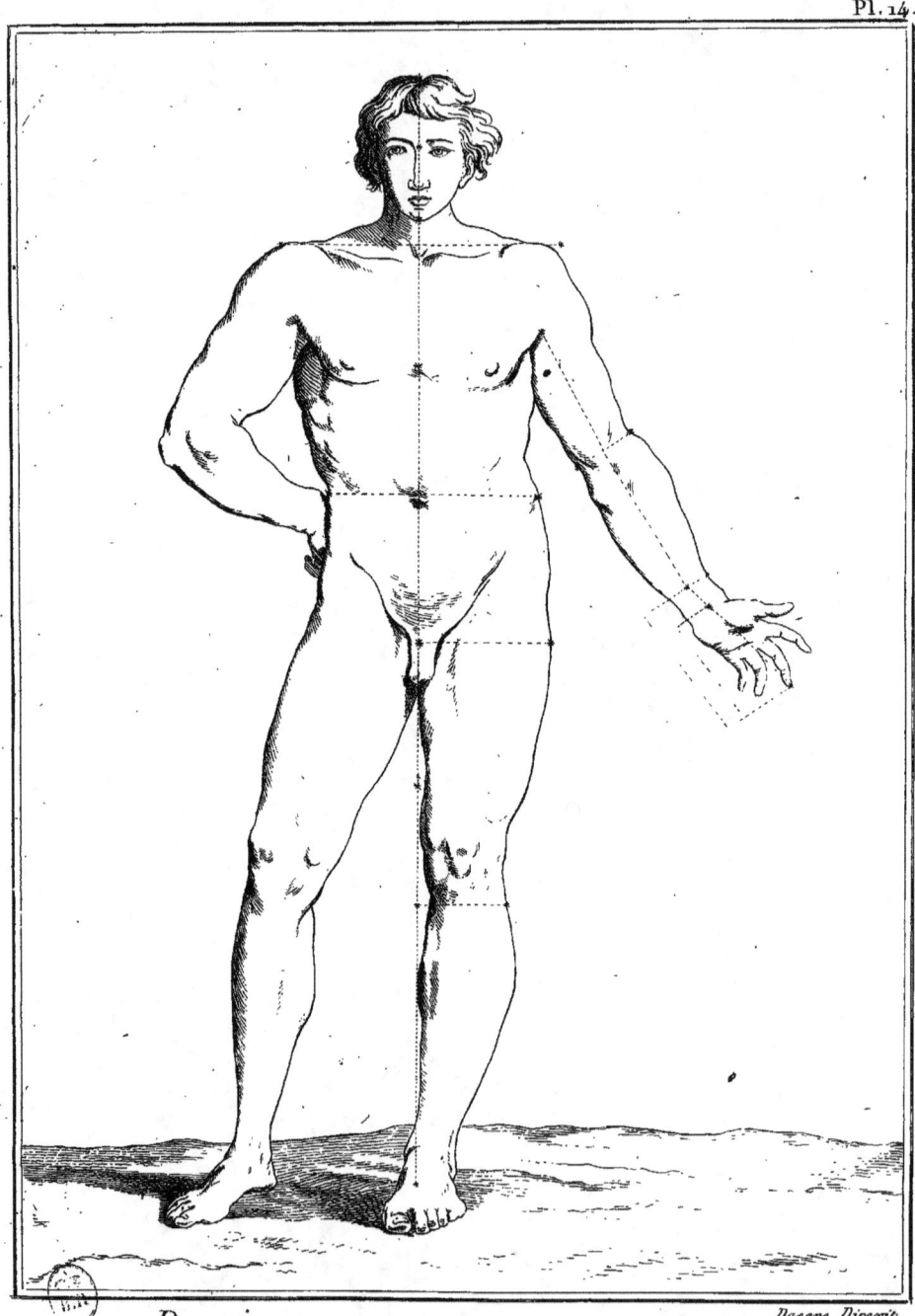

Dessin, Proportions générales de l'homme.

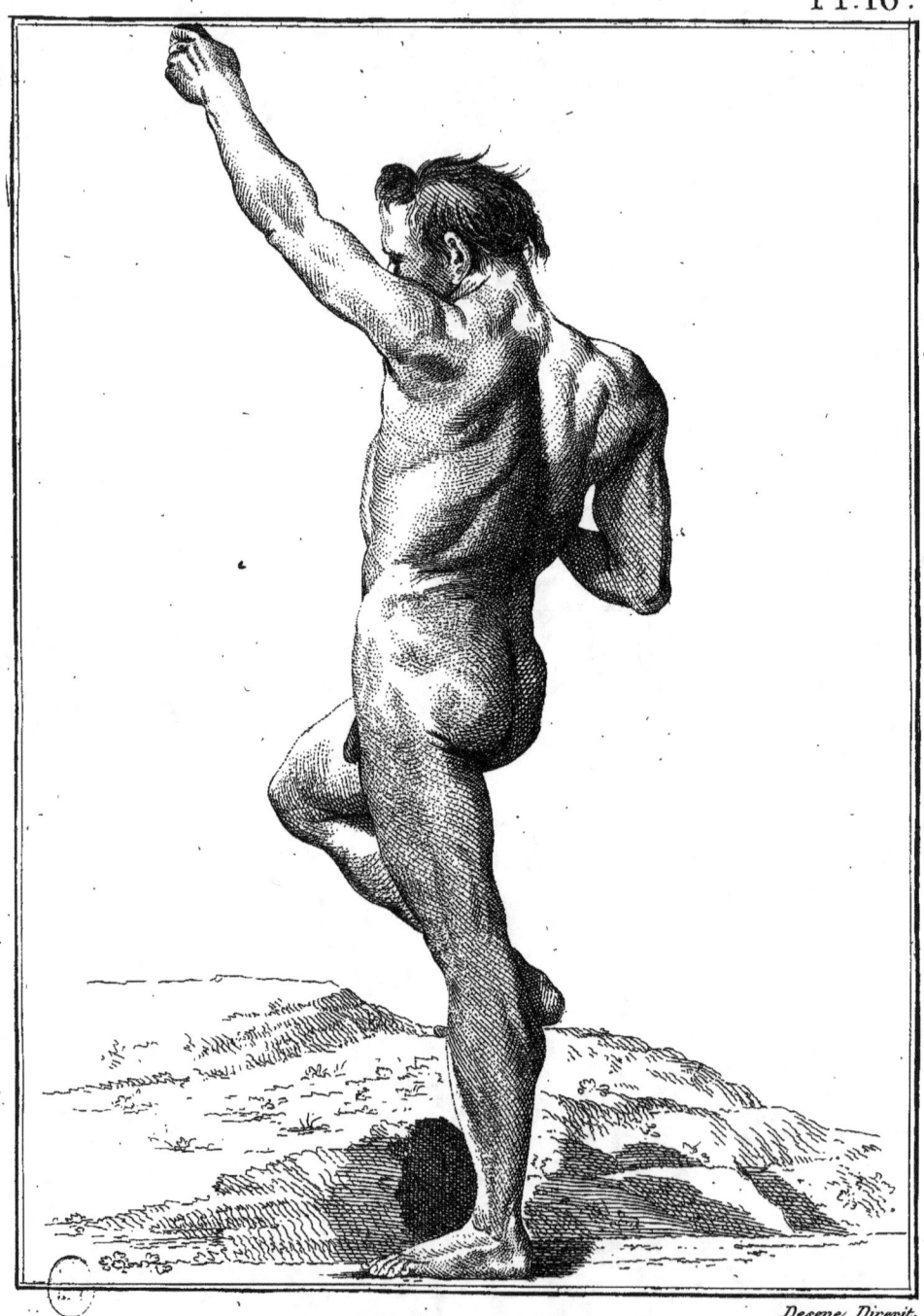

Dessin, Figure académique.

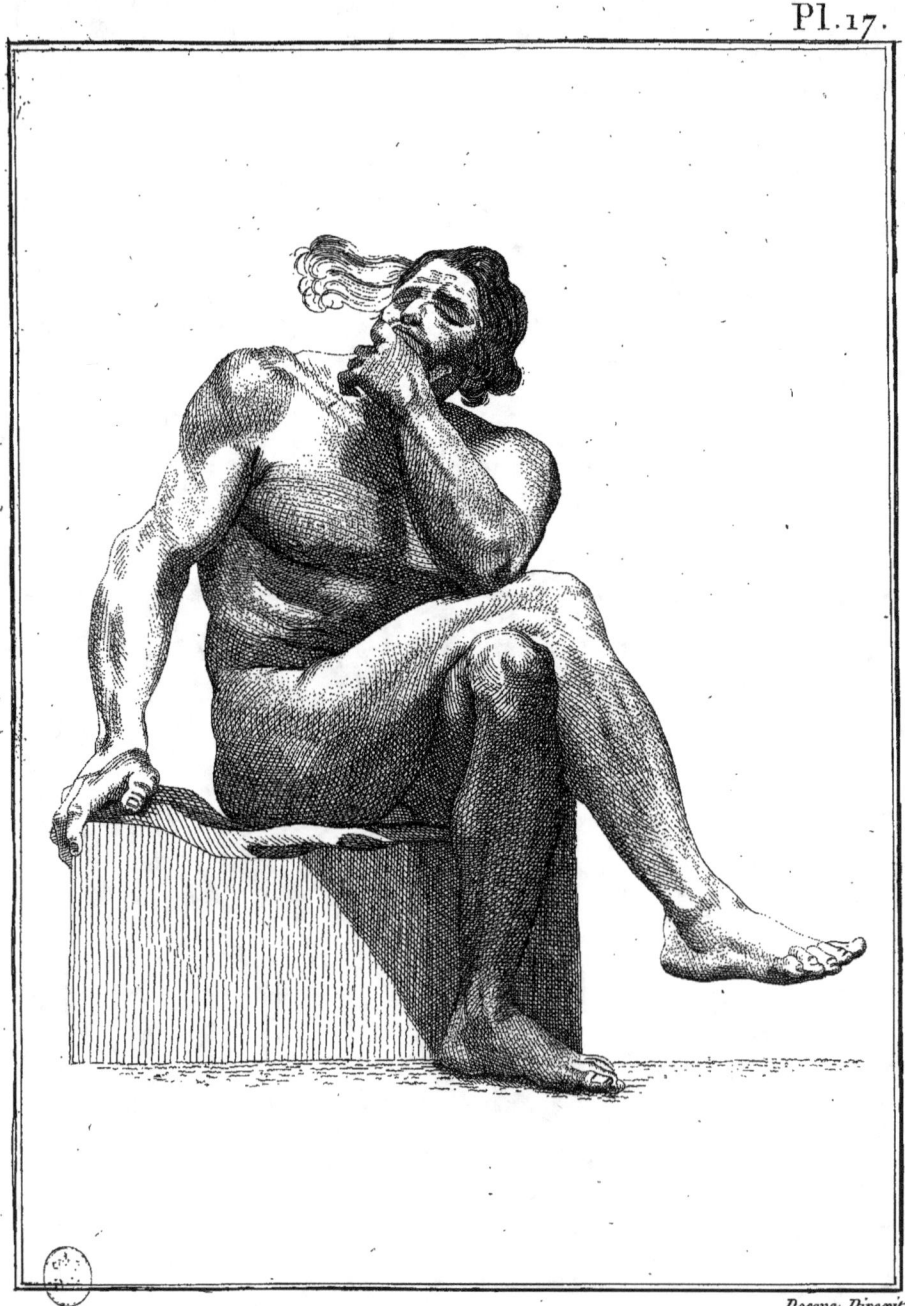

Dessin, Figure académique.

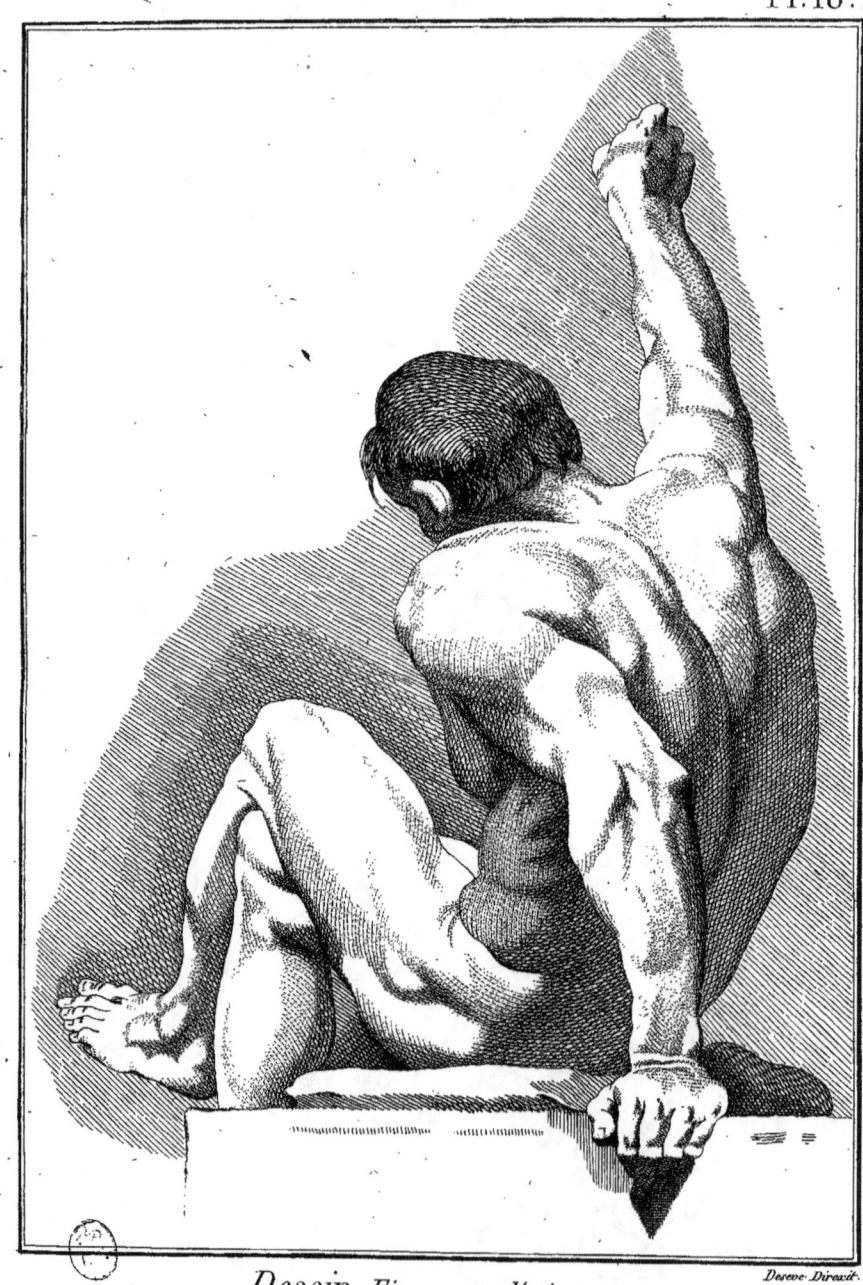

Pl. 18.

Dessin, Figure académique.

Deseve Direxit

Pl. 20.

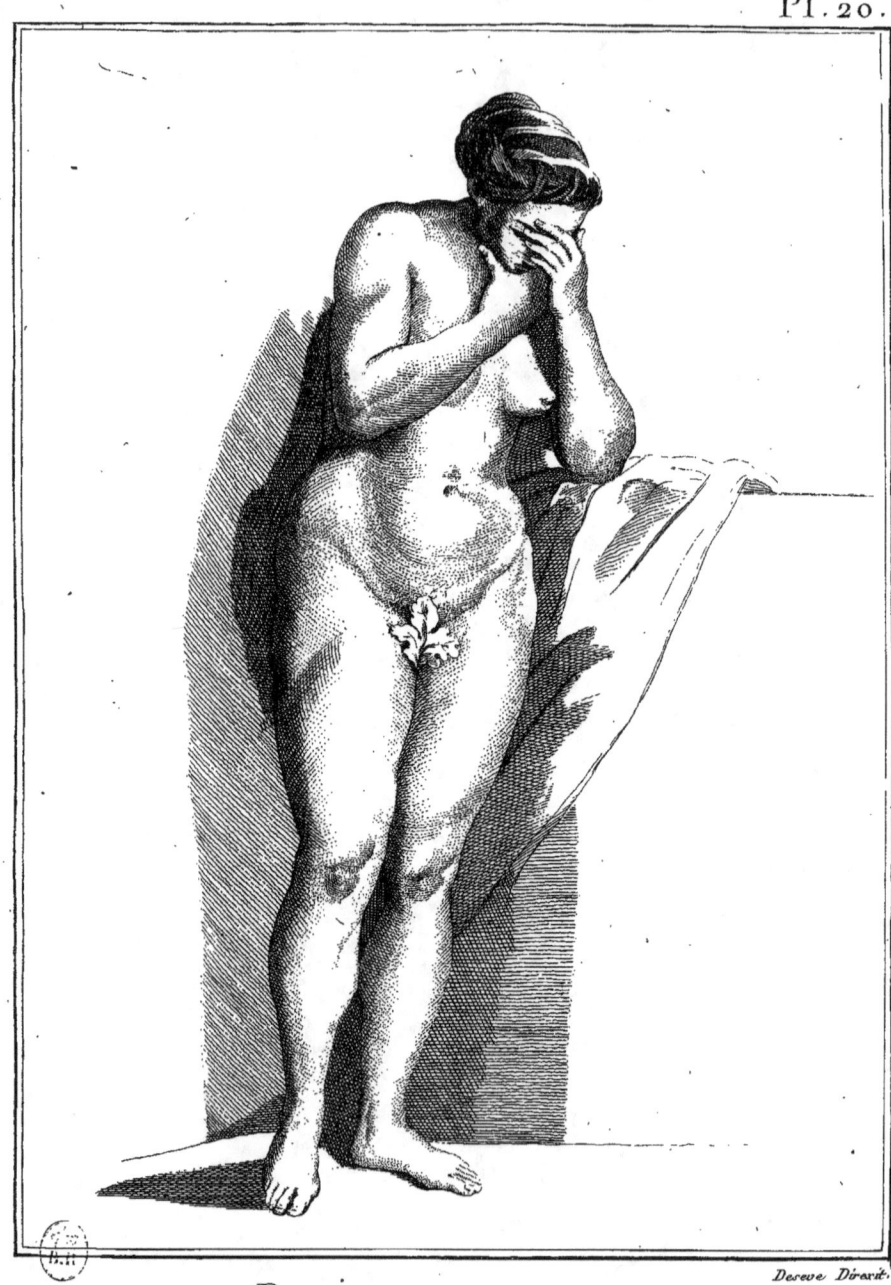

Dessin, Figure académique.

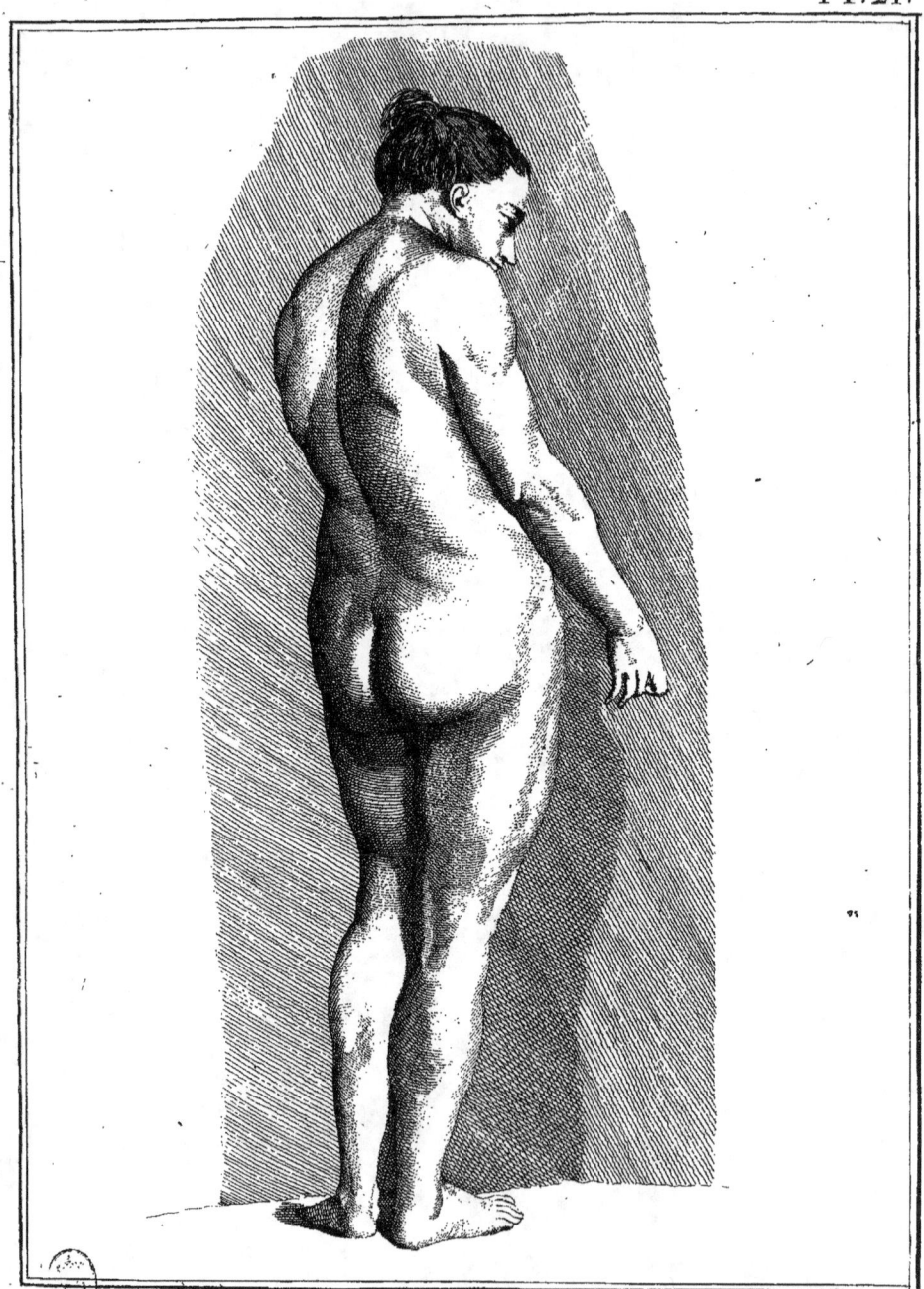

Dessin, Figure académique.

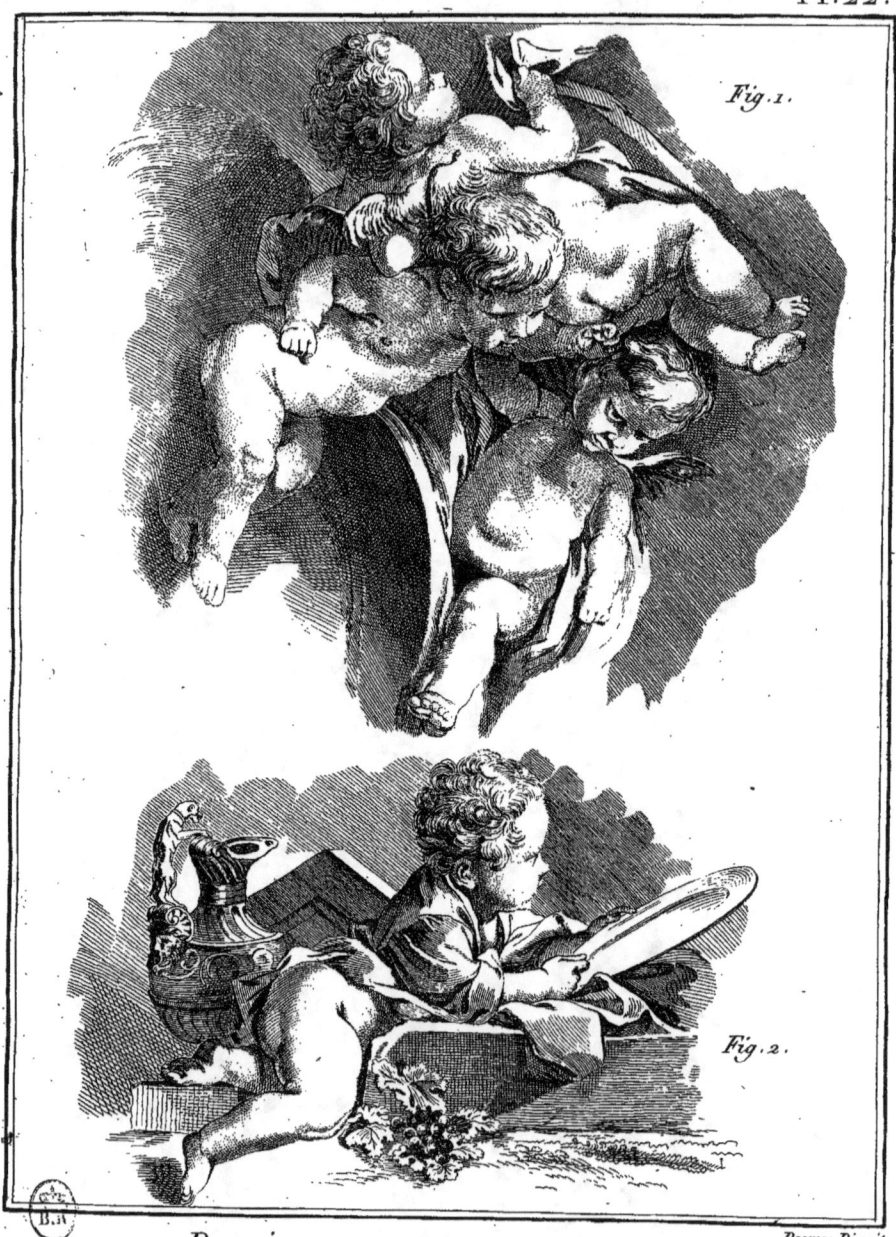

Dessin, Grouppe d'enfans d'après Boucher.

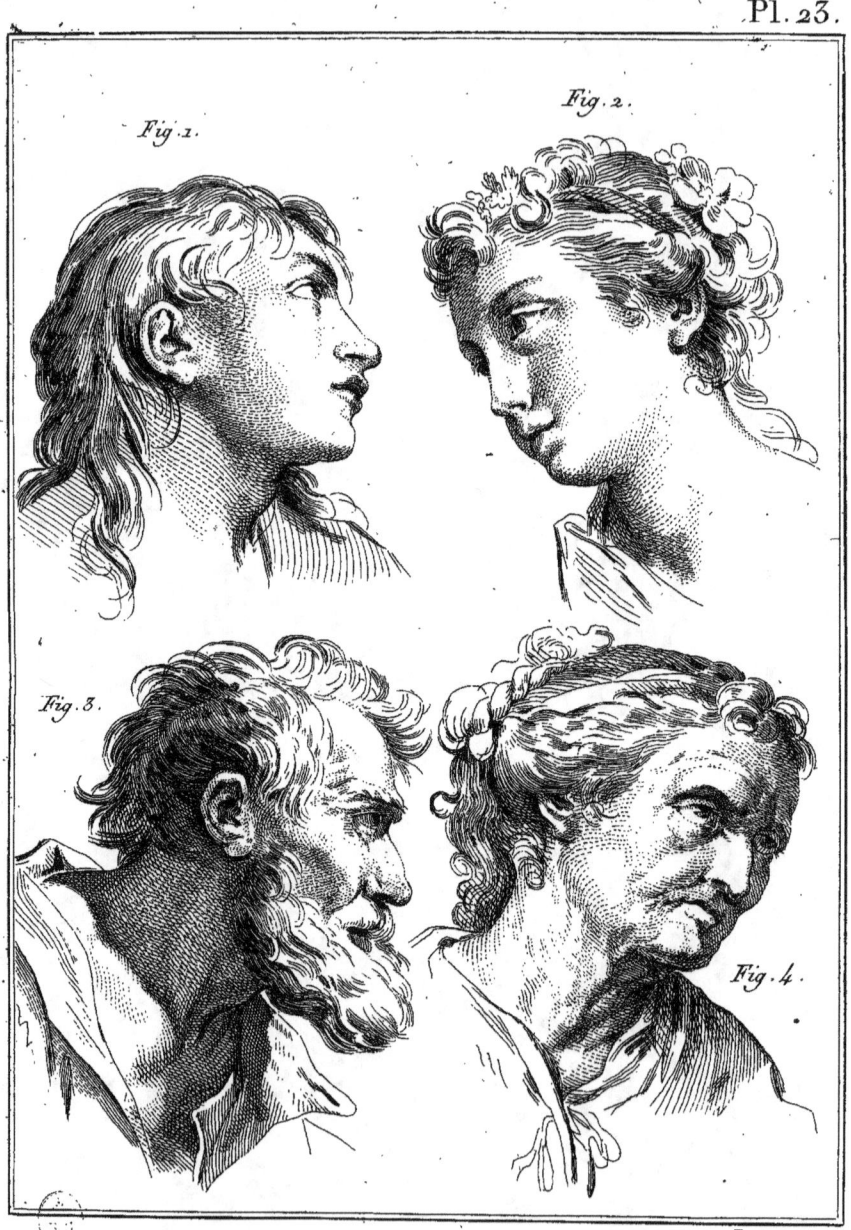

Pl. 23.

Dessin, les Ages.

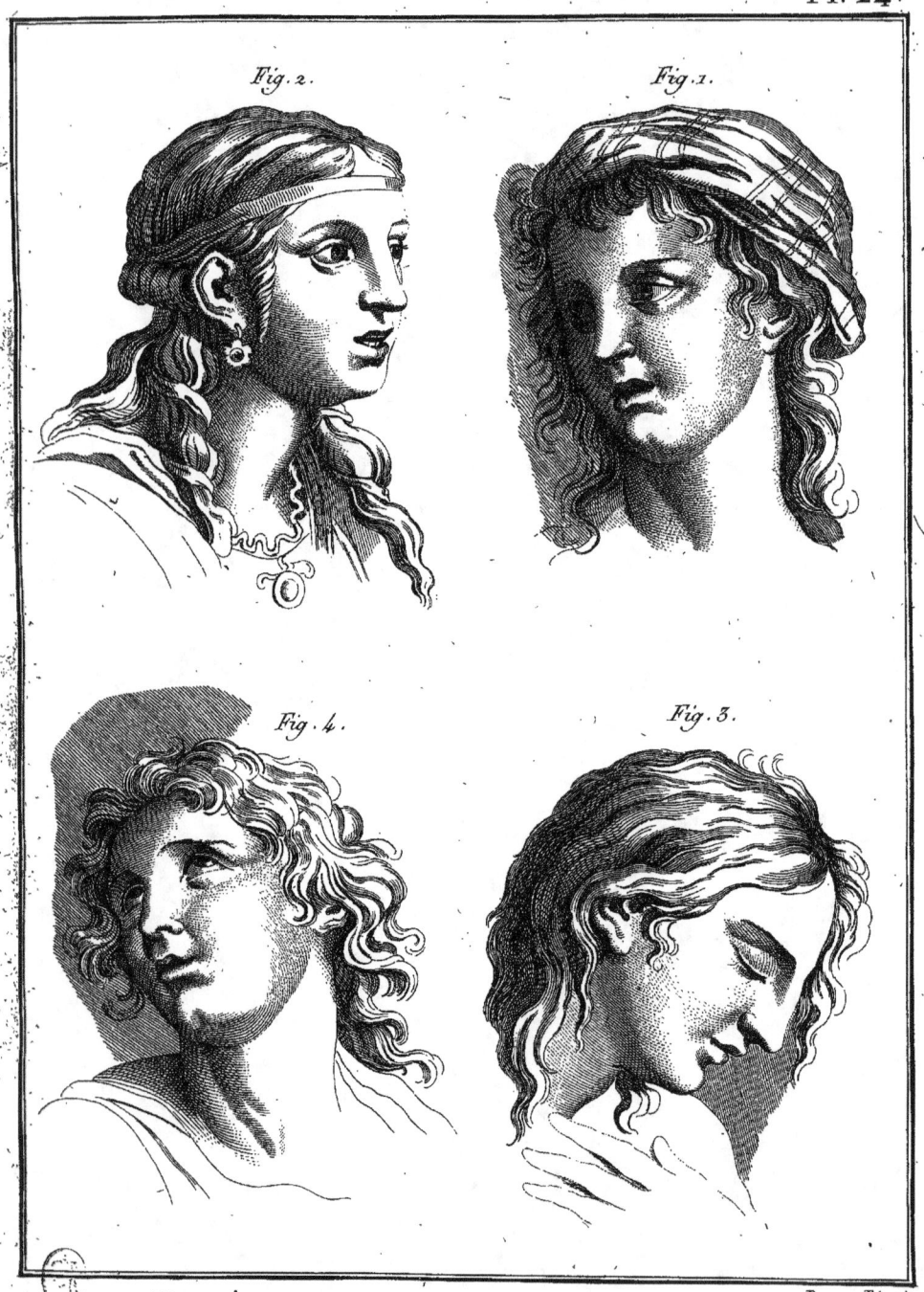

Dessin, Expression des passions d'après Lebrun.

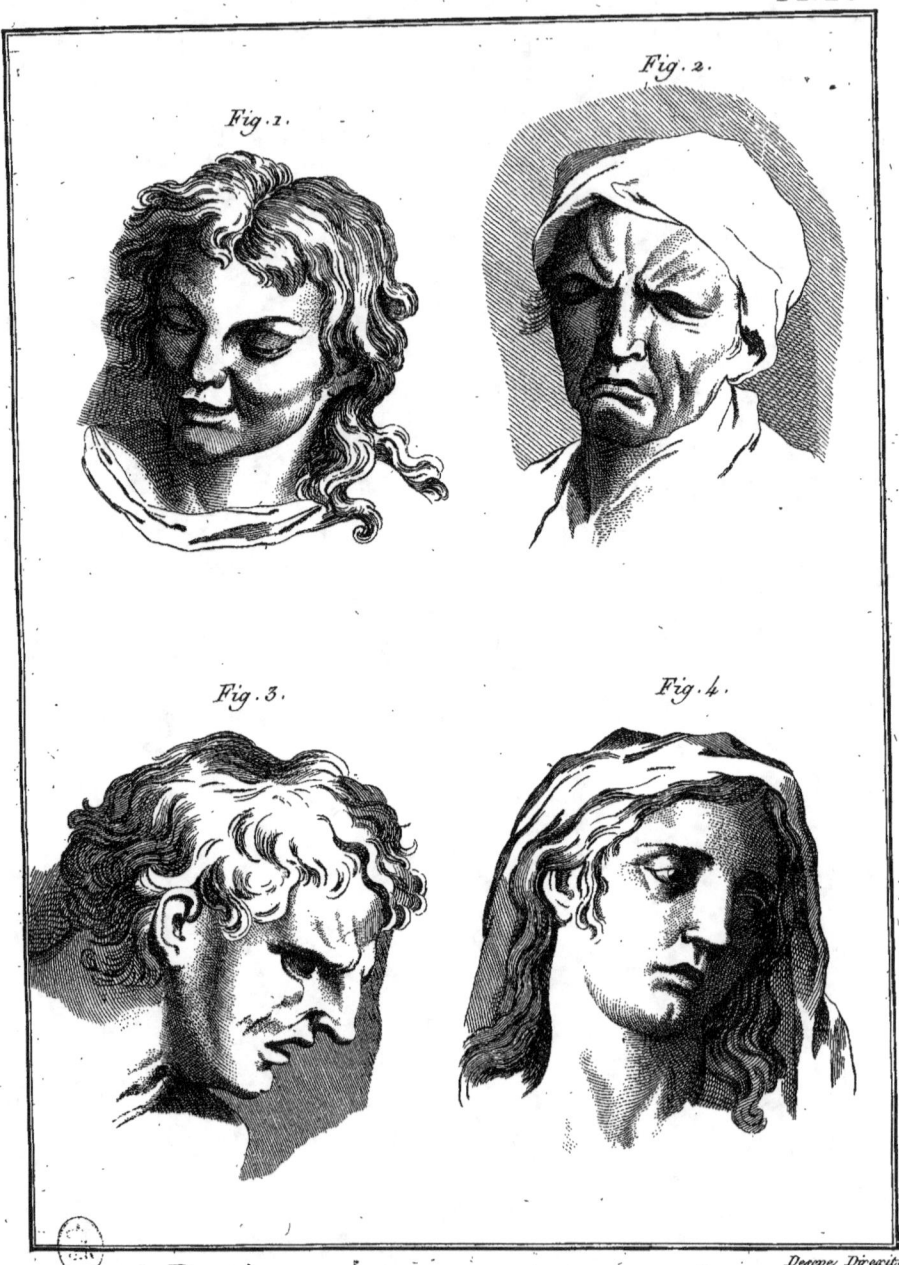

Dessin, Expression des passions d'après Lebrun.

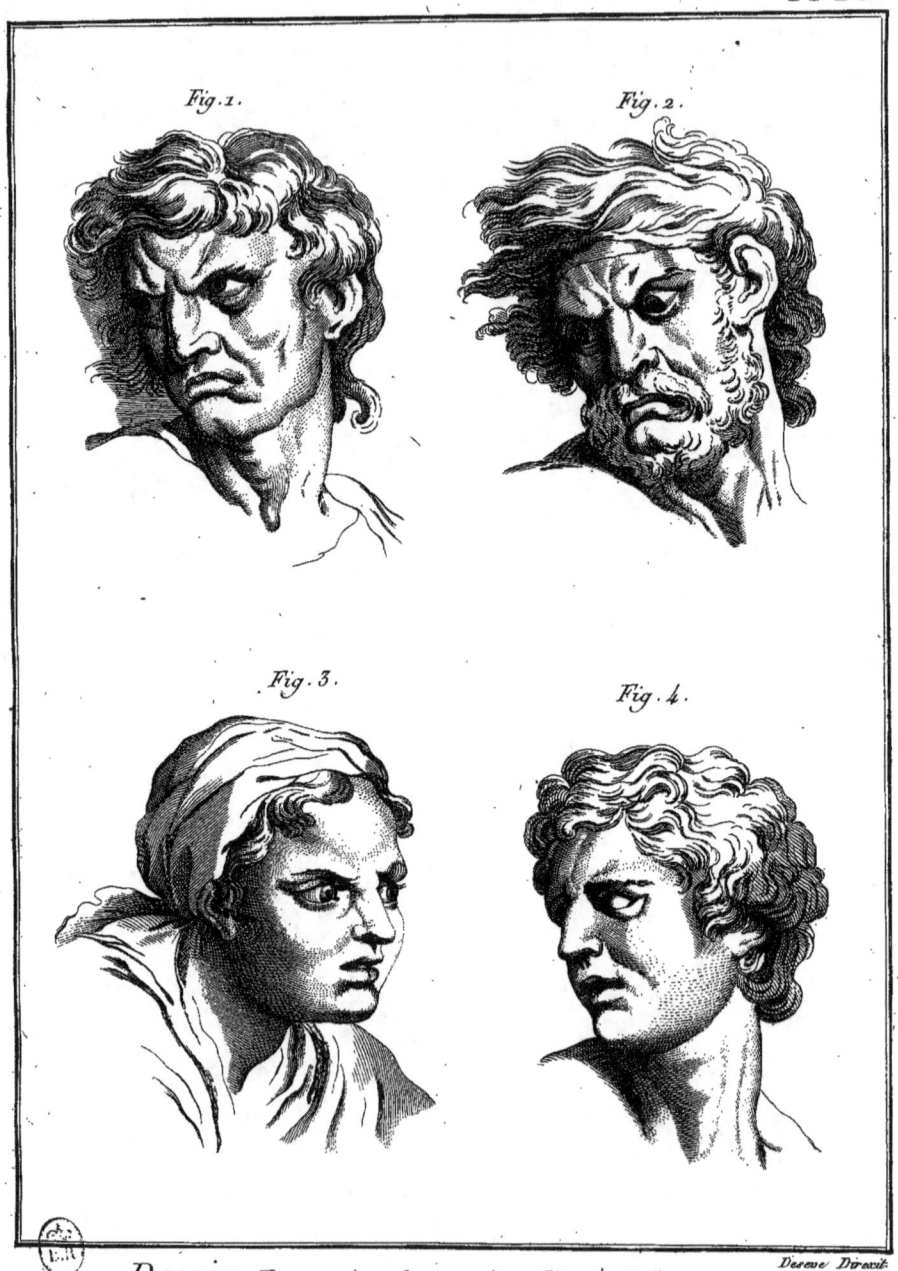

Dessin, Expression des passions d'après Lebrun.

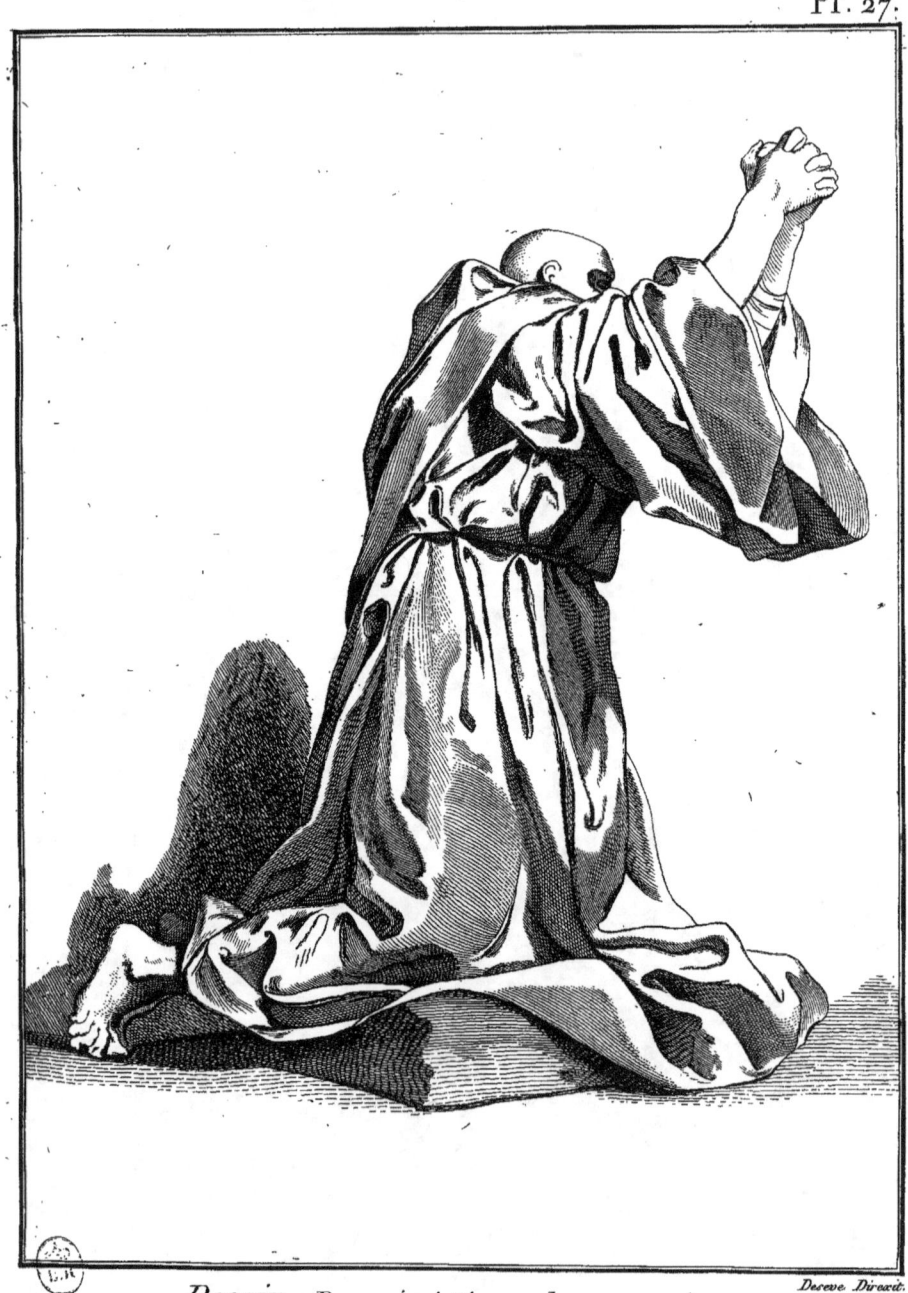

Pl. 27.

Dessin, Draperie jettée sur le mannequin.

Deseve Direxit.

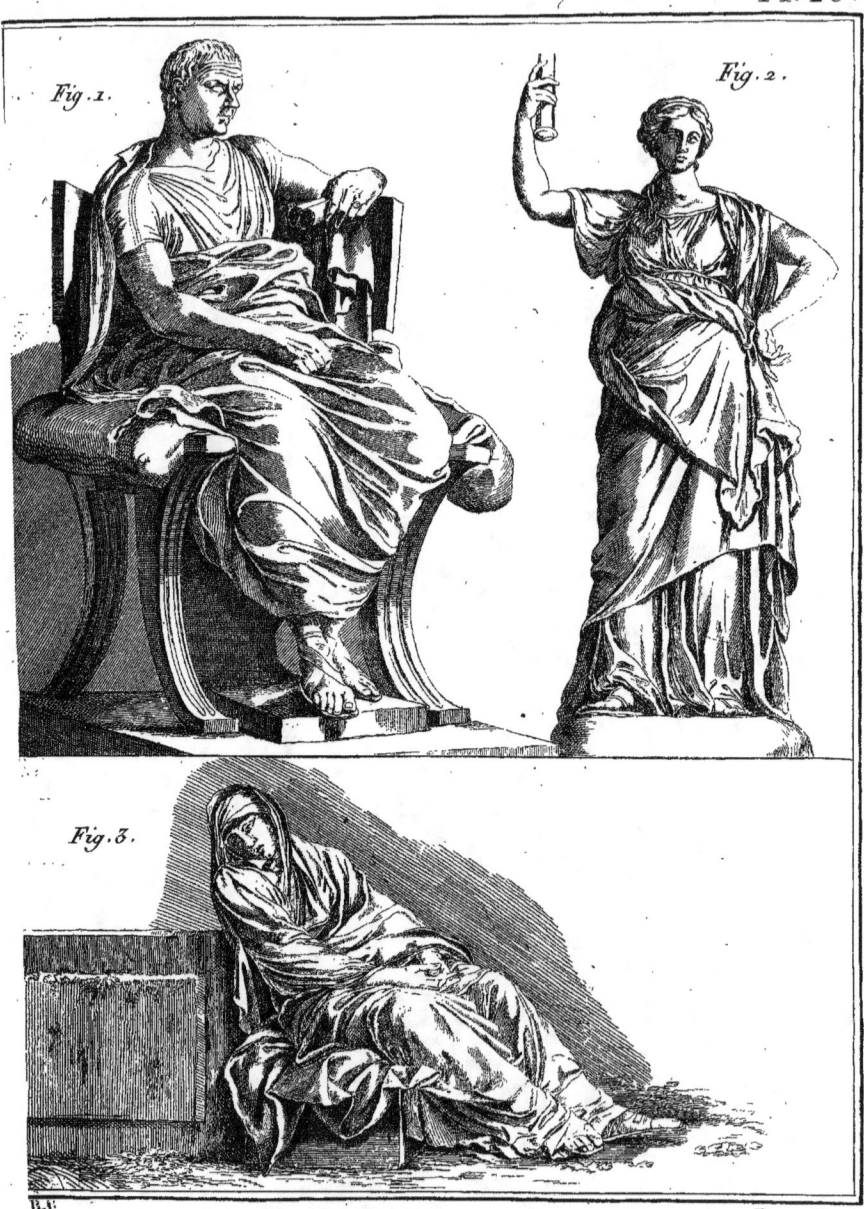

Dessin, *Draperie*.

Pl. 29.

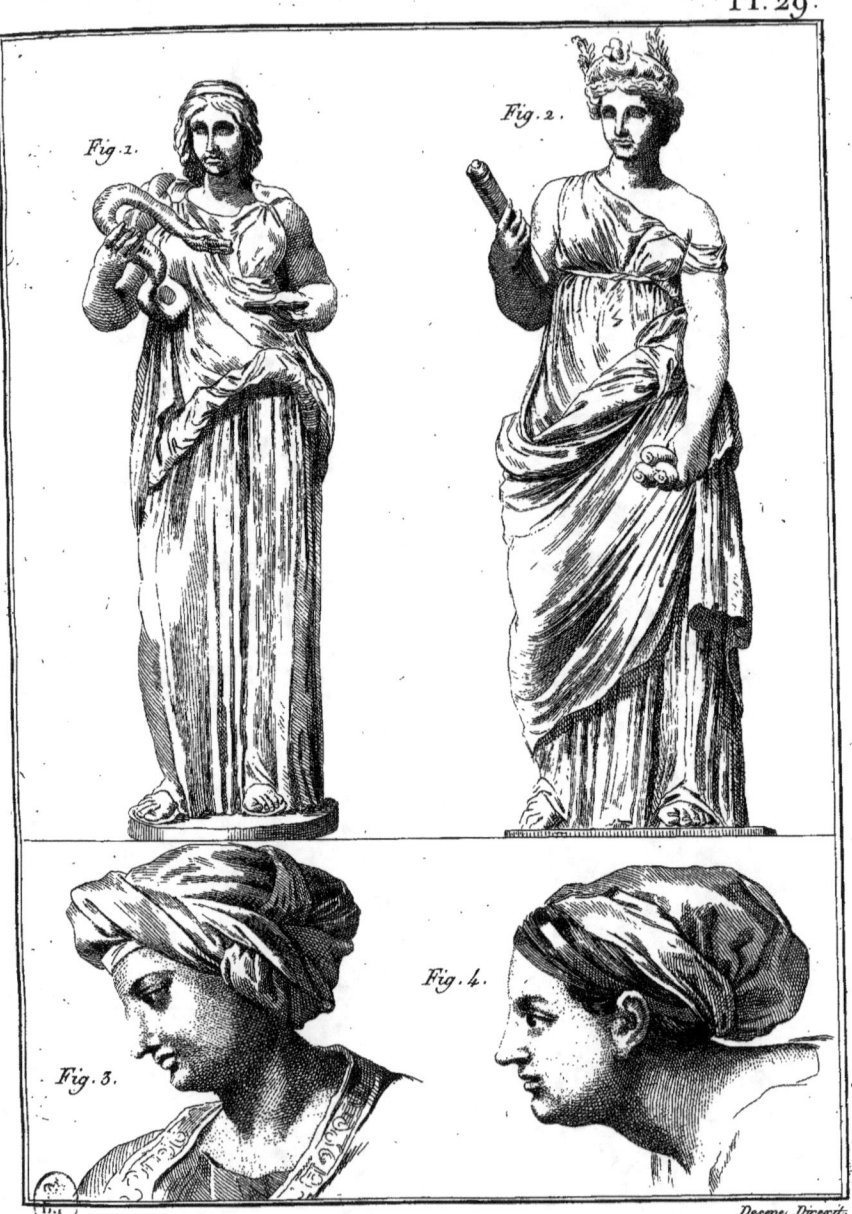

Dessin, Draperie.

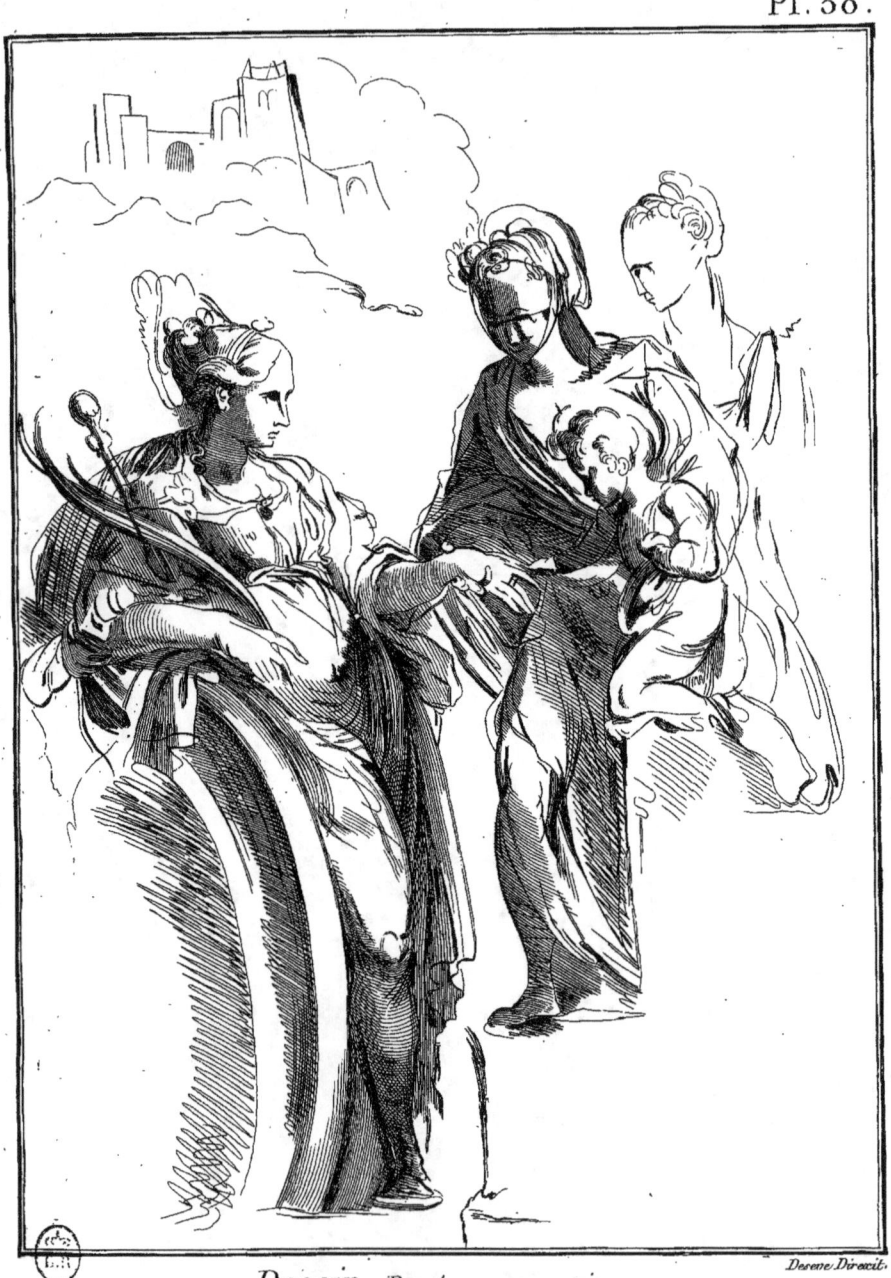

Pl. 30.

Dessin, Pensée ou croquis.

Pl. 31.

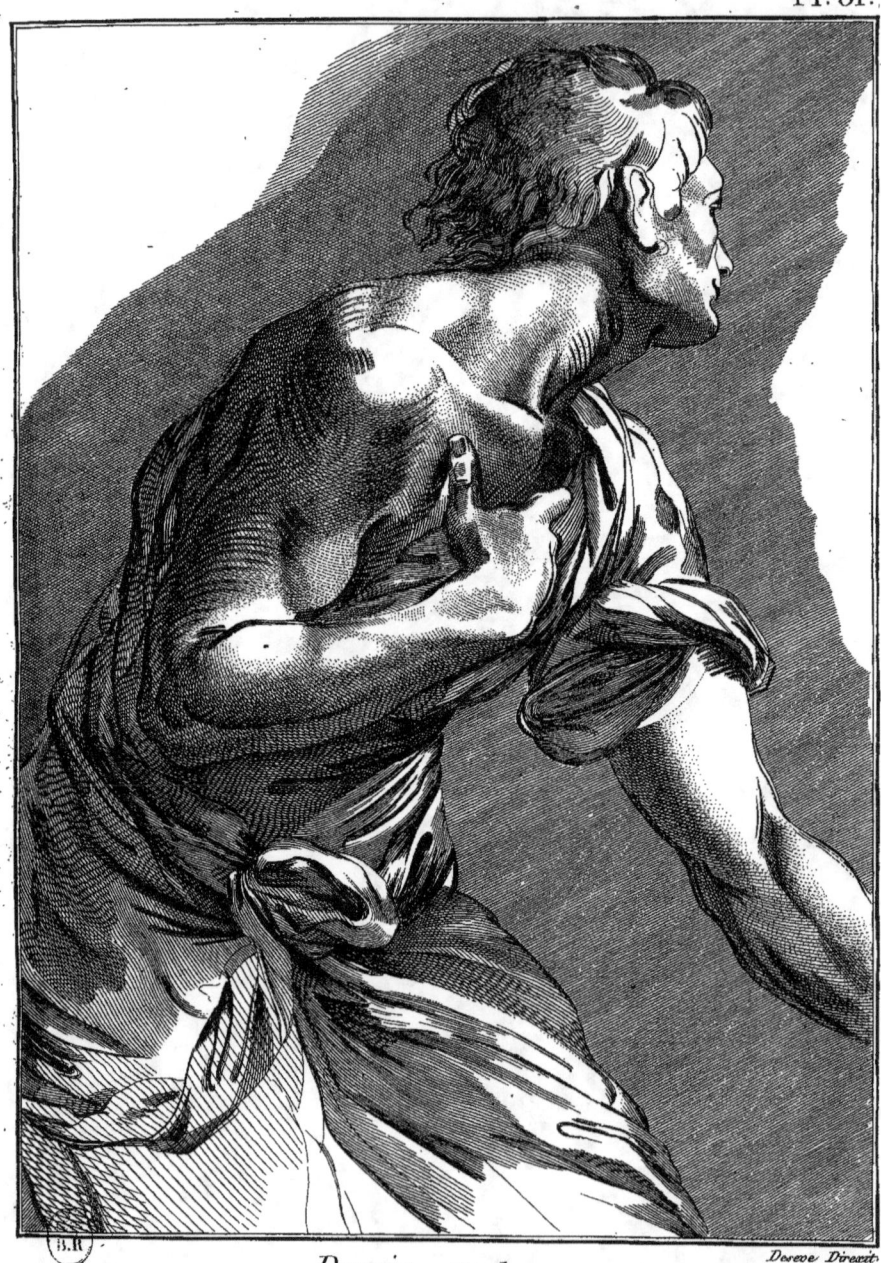

Dessin, Etude.

Deseve Direxit
19.

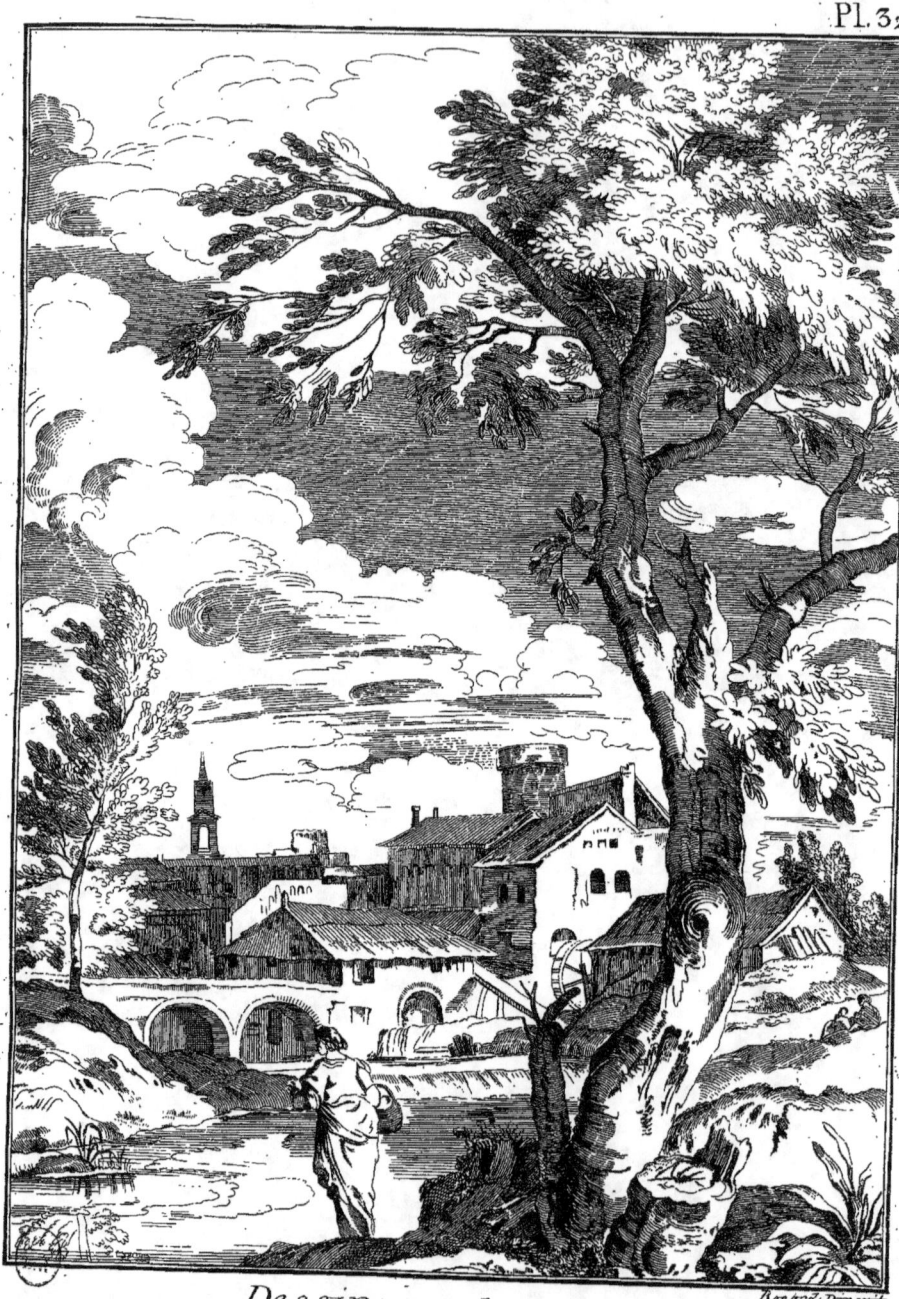

Dessin, Etude de Paysage.

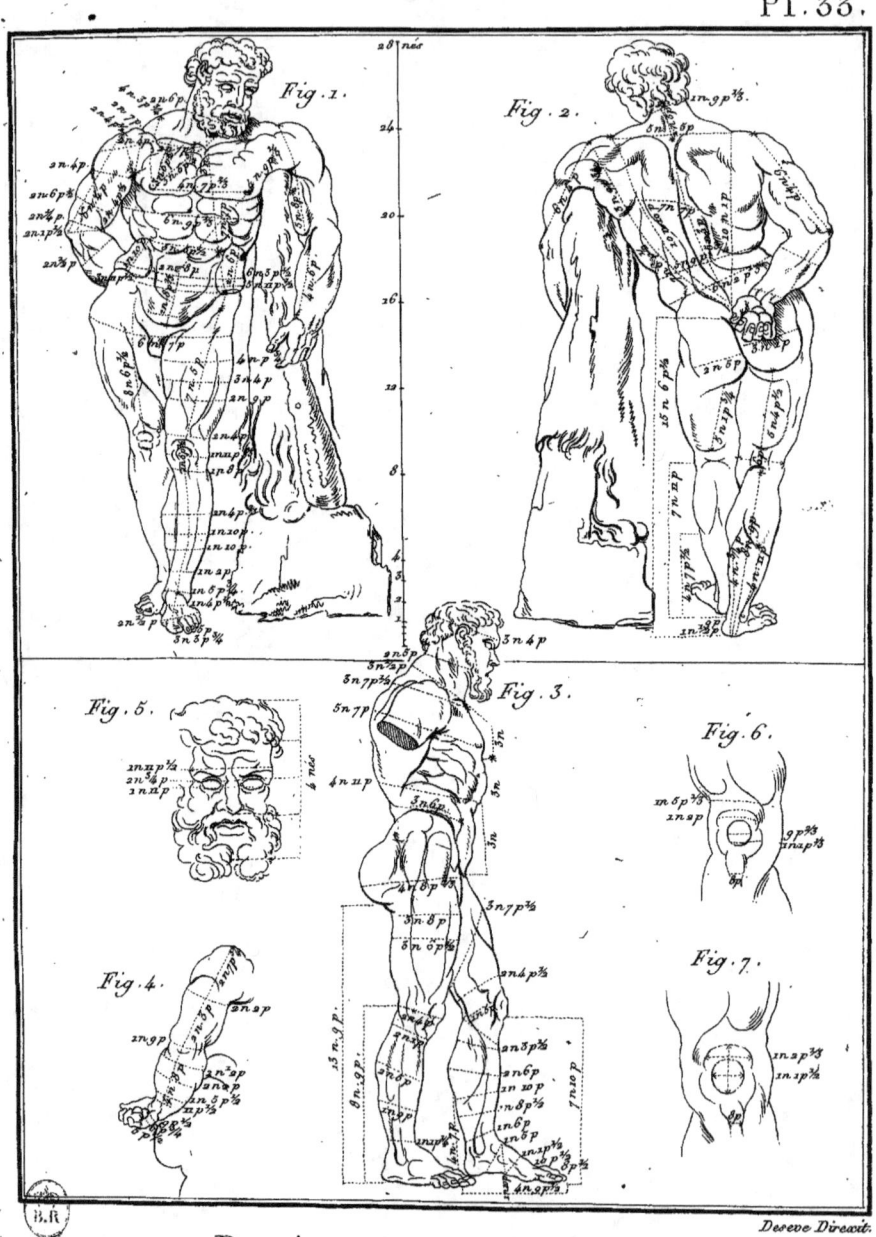

Pl. 33.

Dessin, *Proportions de l'Hercule Farnese.*

Pl. 34.

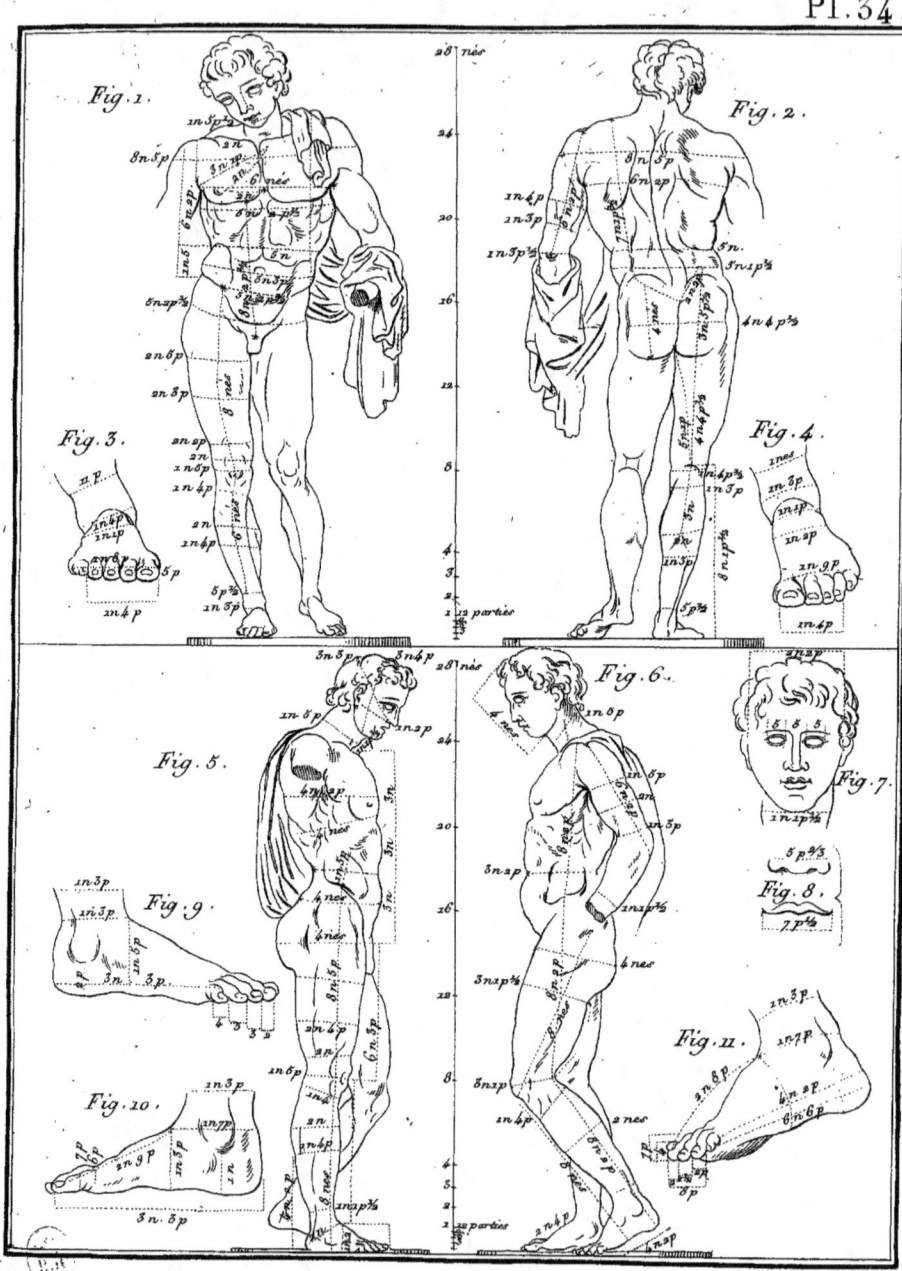

Dessin, *Proportions de la statue d'Antinoüs.*

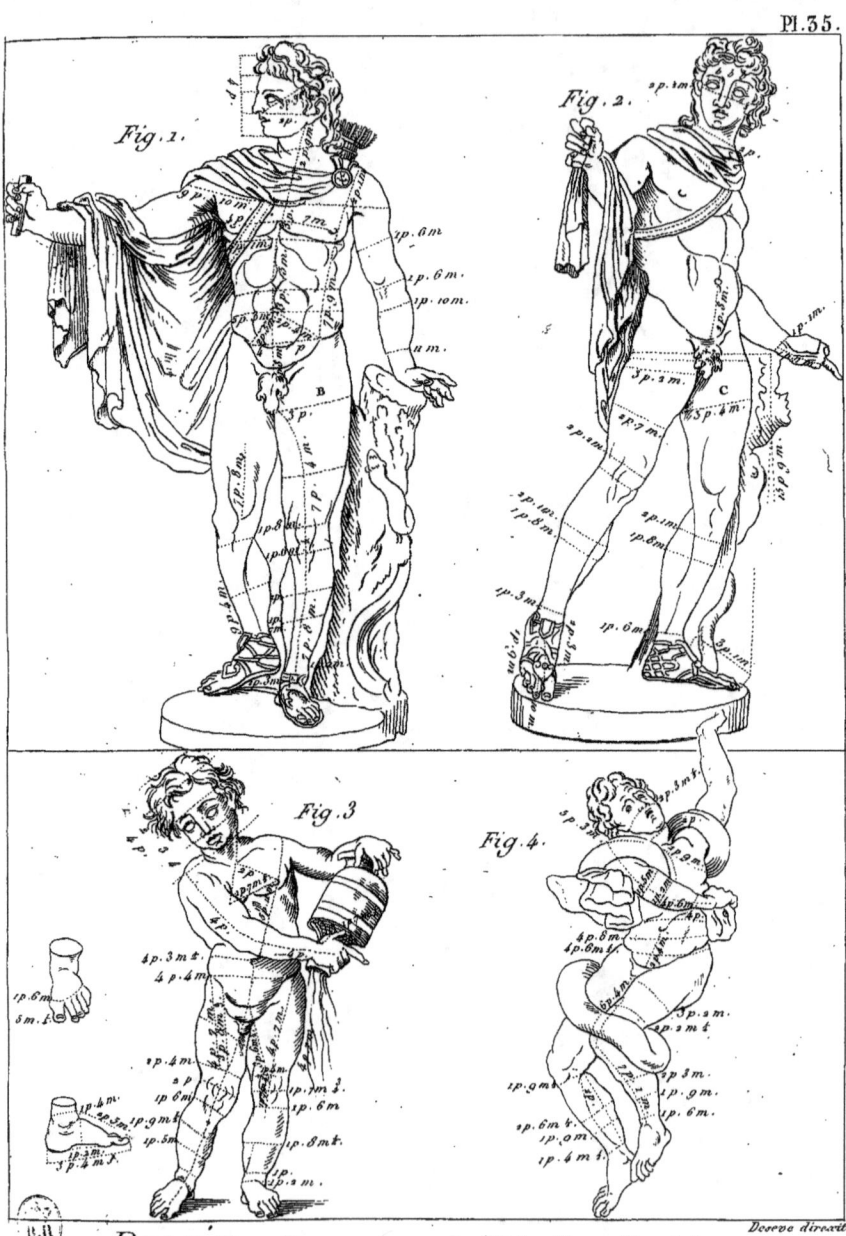

Dessin, Proportions de l'Apollon Pythien.

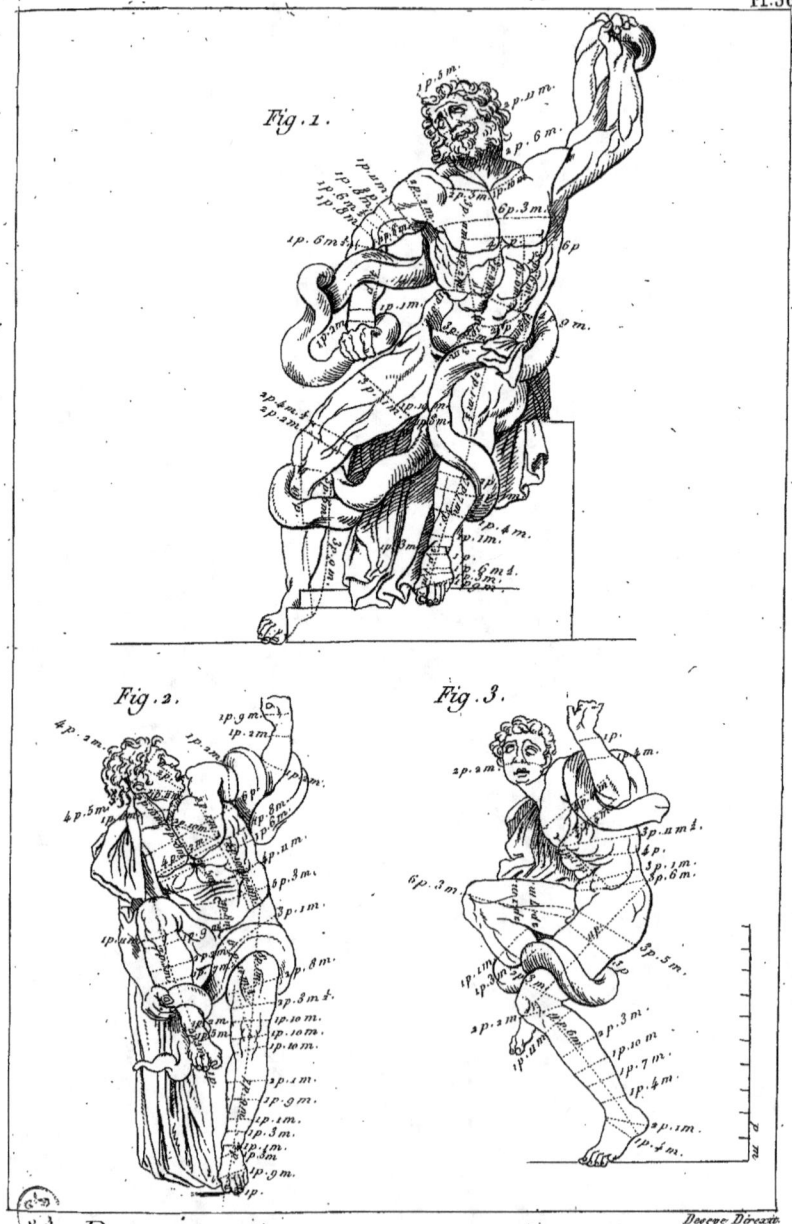

Dessin, Proportions de la Statue de Laocoon.

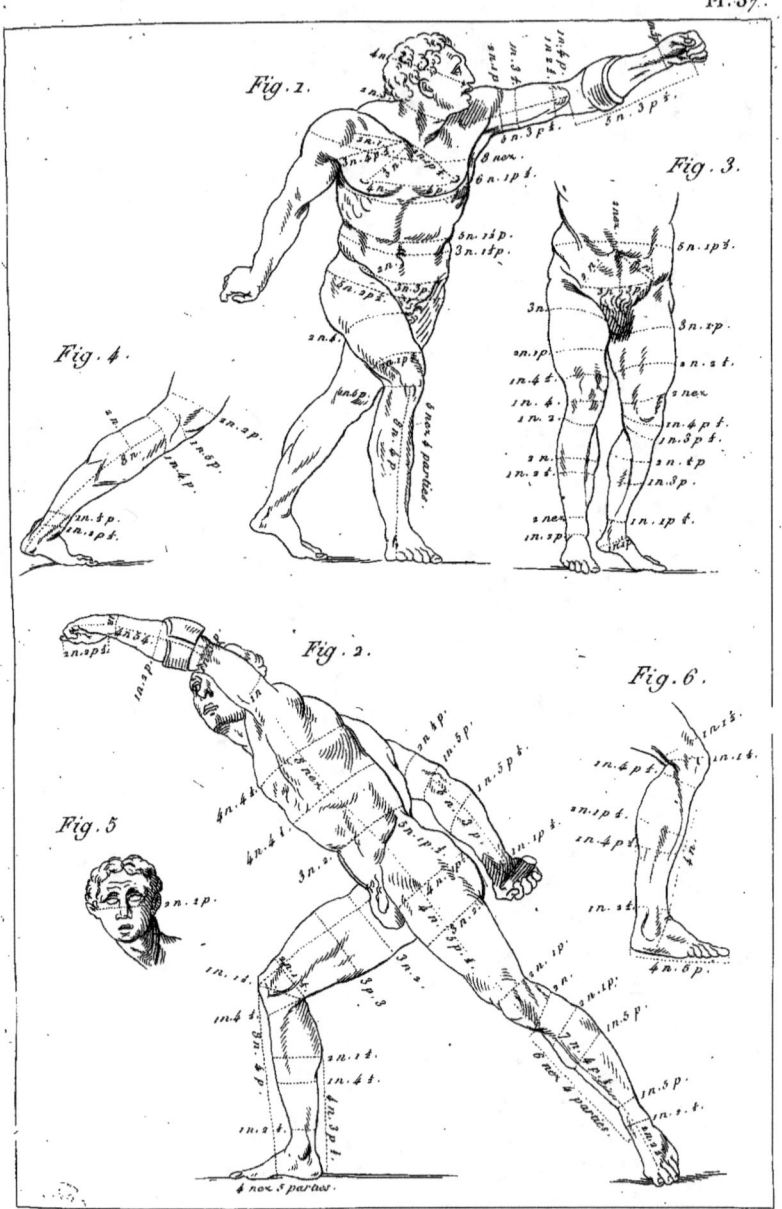

Dessin. Proportions du Gladiateur.

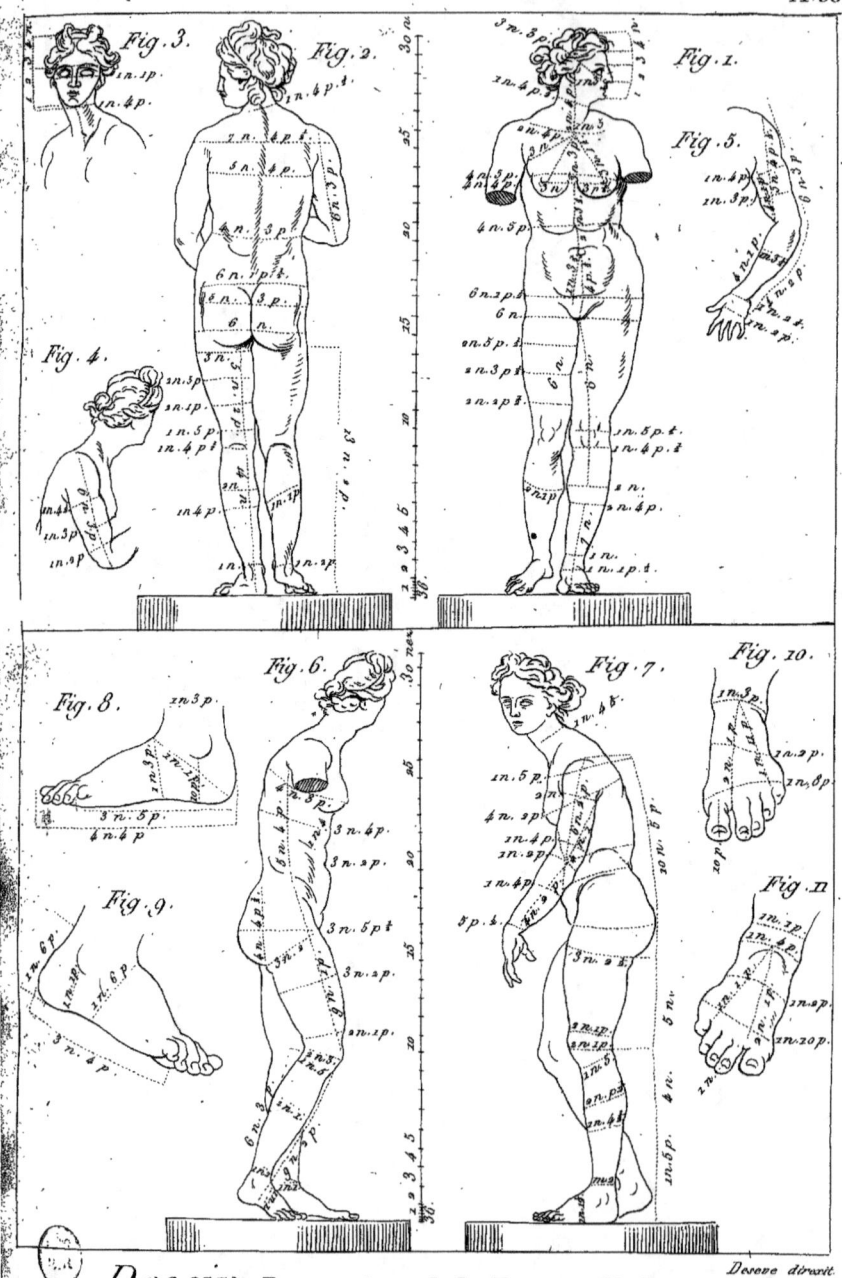

Dessin, *Proportions de la Vénus de Médicis.*

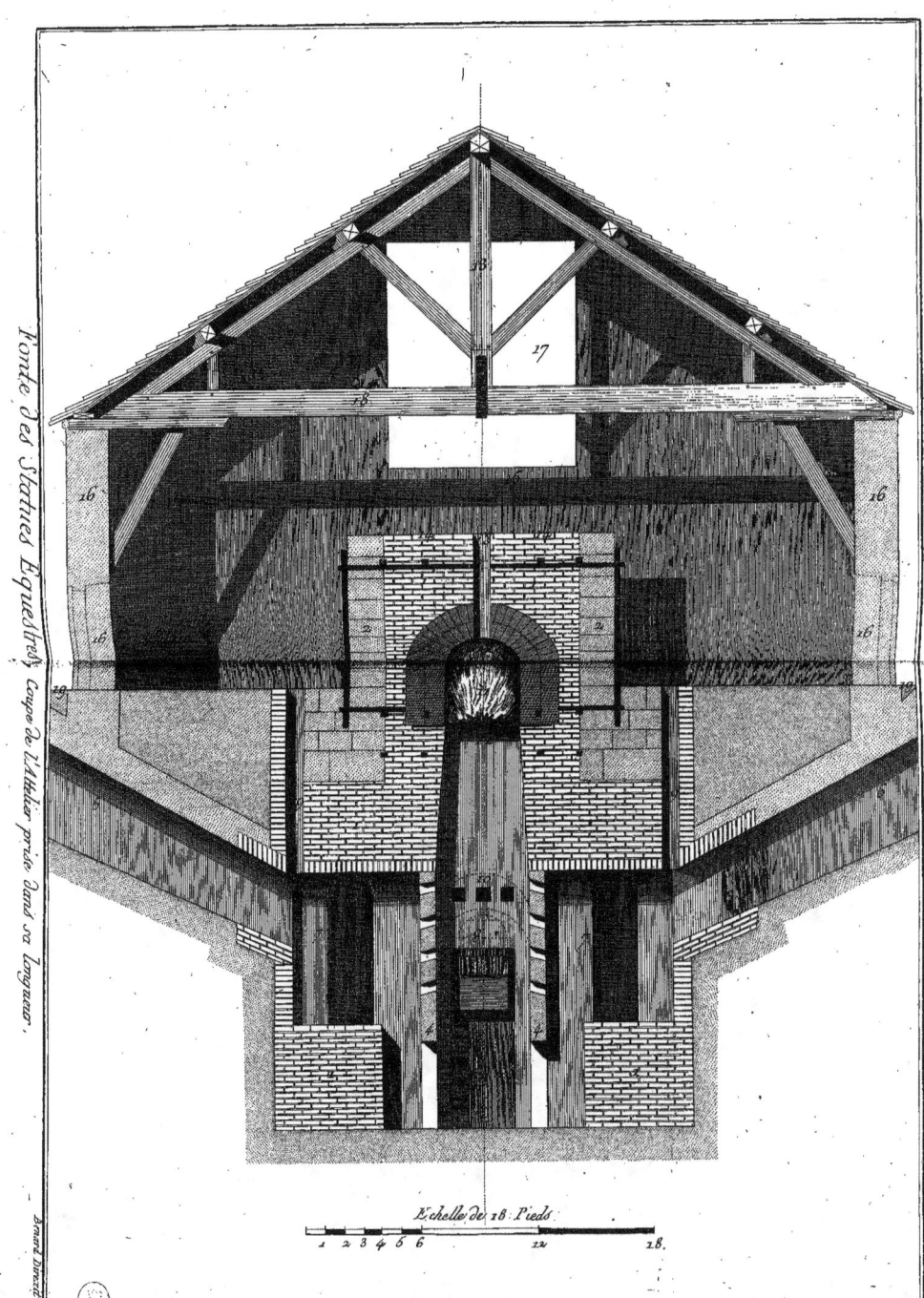

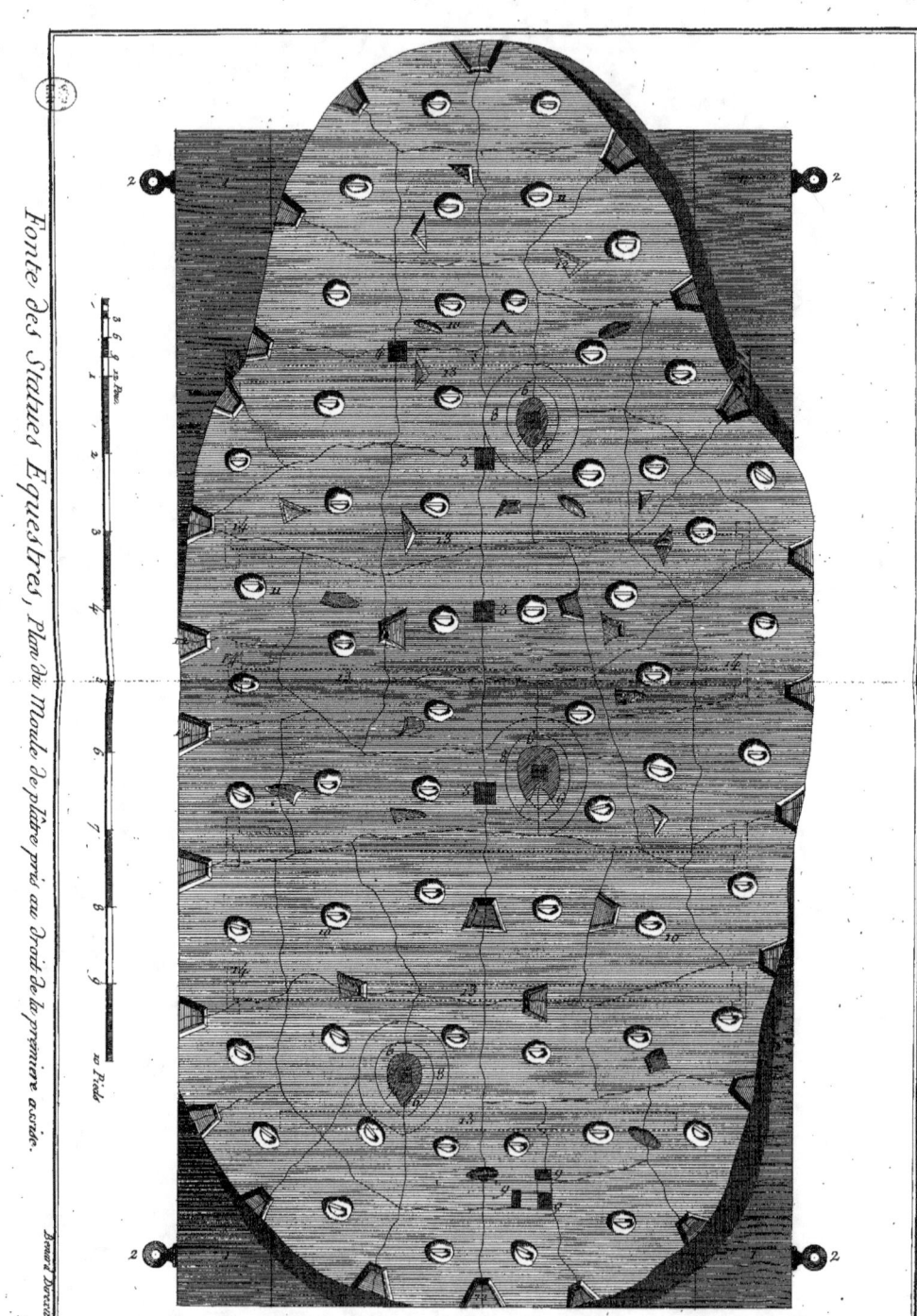

Fonte des Statues Equestres, Plan du Moule de plâtre, pris au Droit de la première assise.

Pl. 2.

Pl. 3.

Fig. 2.

Fig. 1re.

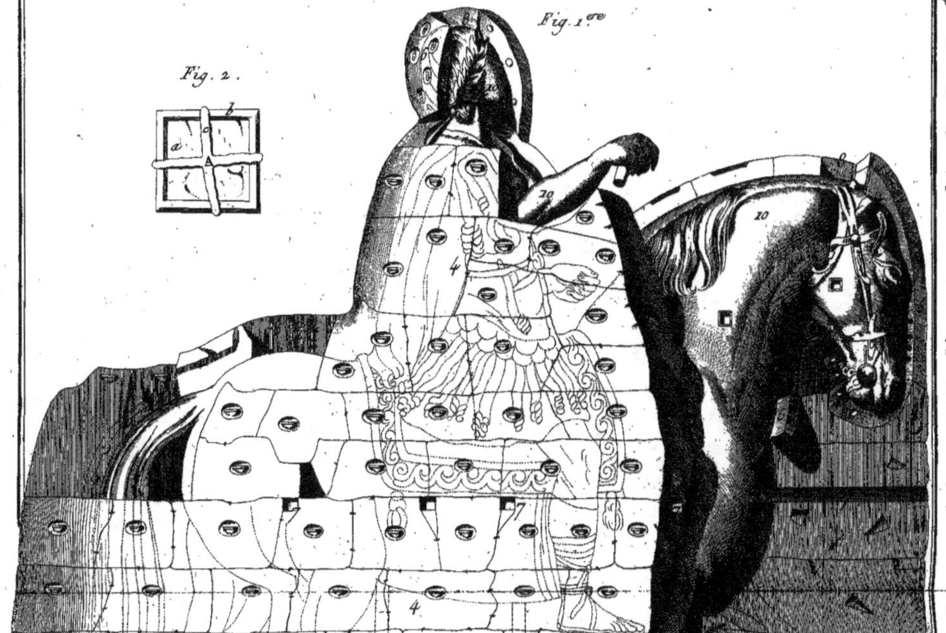

1 2 3 6 9 Pieds.

Fonte des Statues Equestres, Elévation et Coupe ou partie du Moule de plâtre, prise sur une des faces latérales.

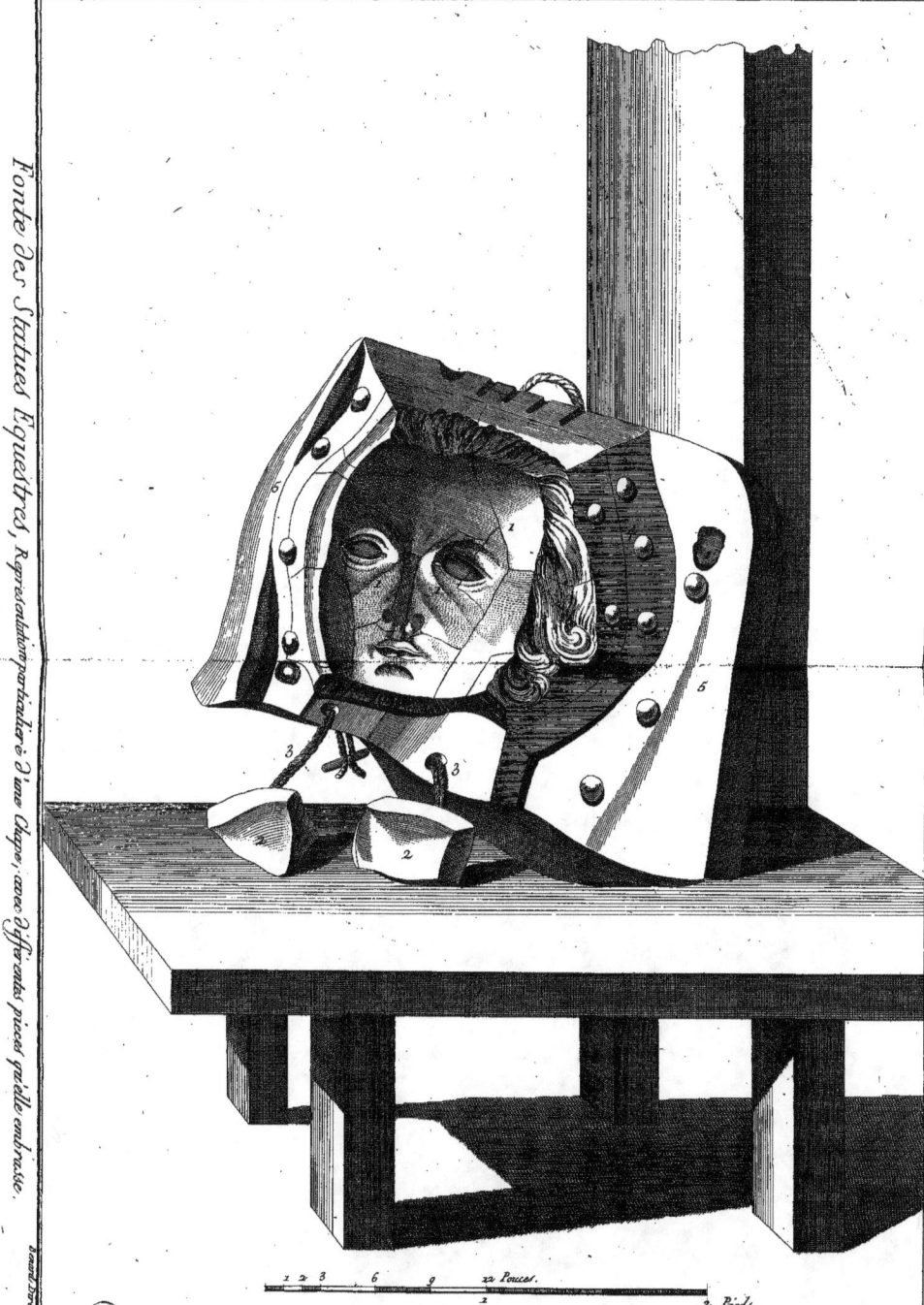

Fonte des Statues Equestres, Representation particuliere d'une Chape, avec differents pieces qu'elle embrasse.

Pl. 4.

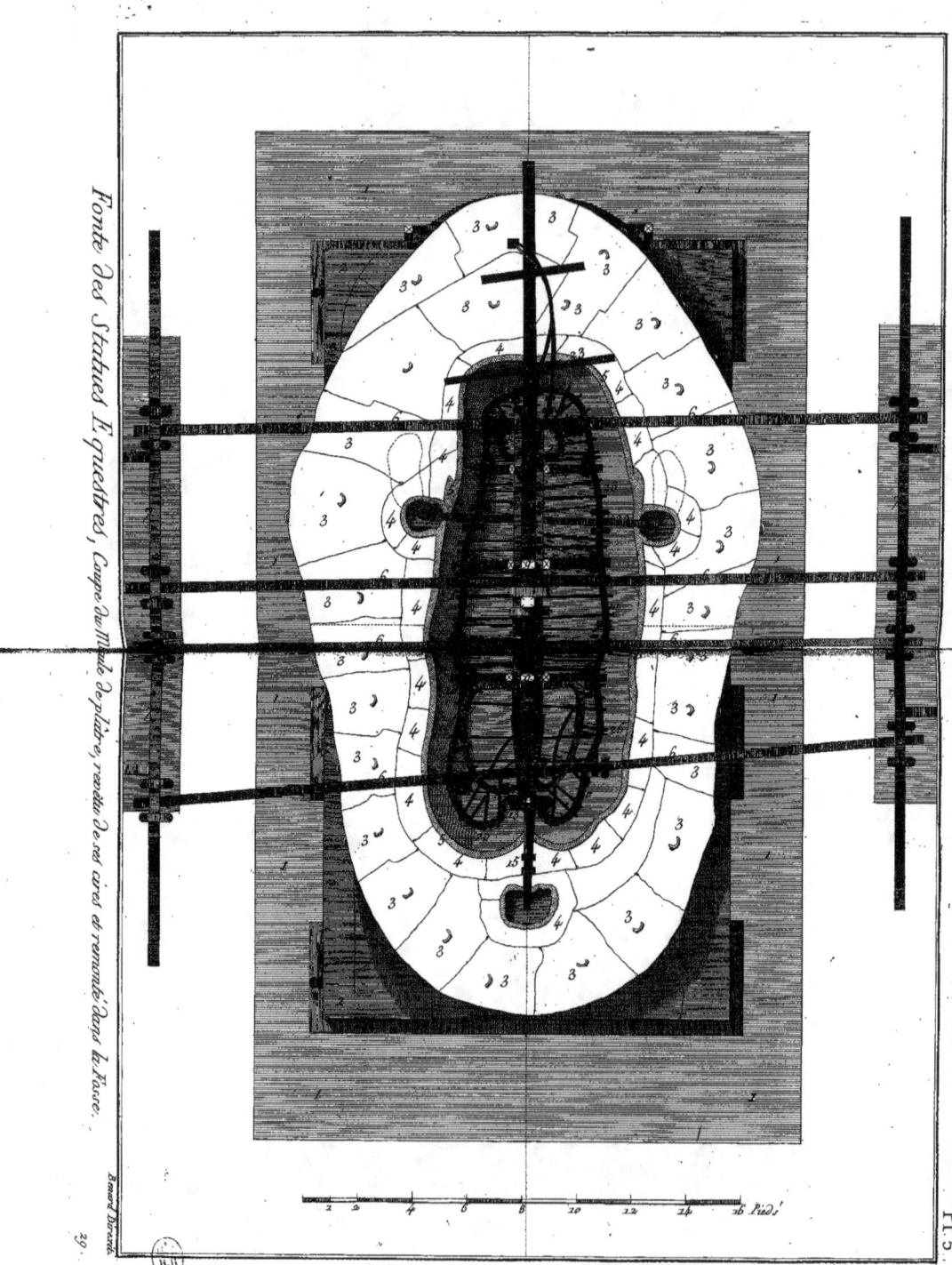

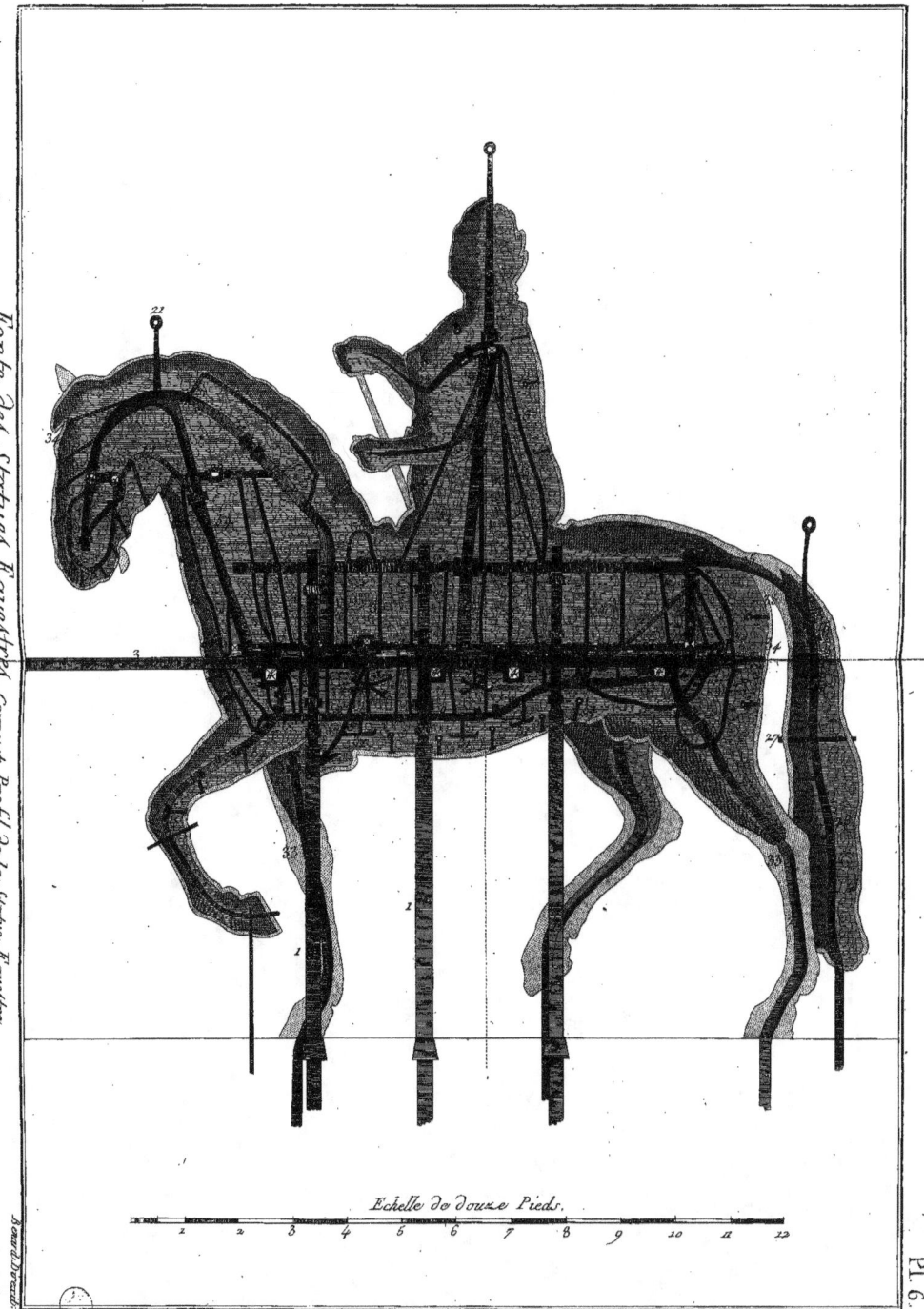

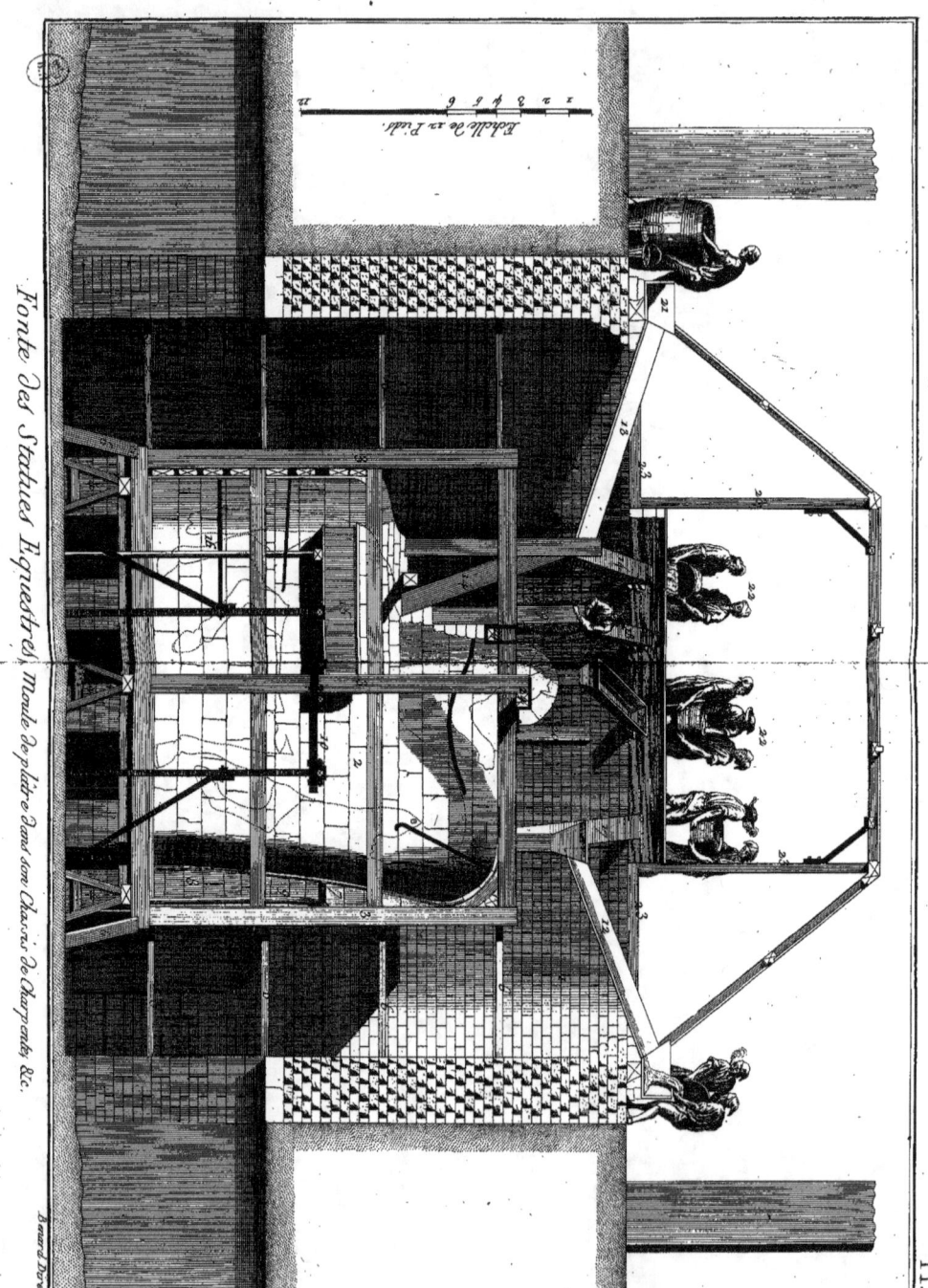

Fonte des Statues Equestres, Moule de platre dans son Chassis de Charpente &c.

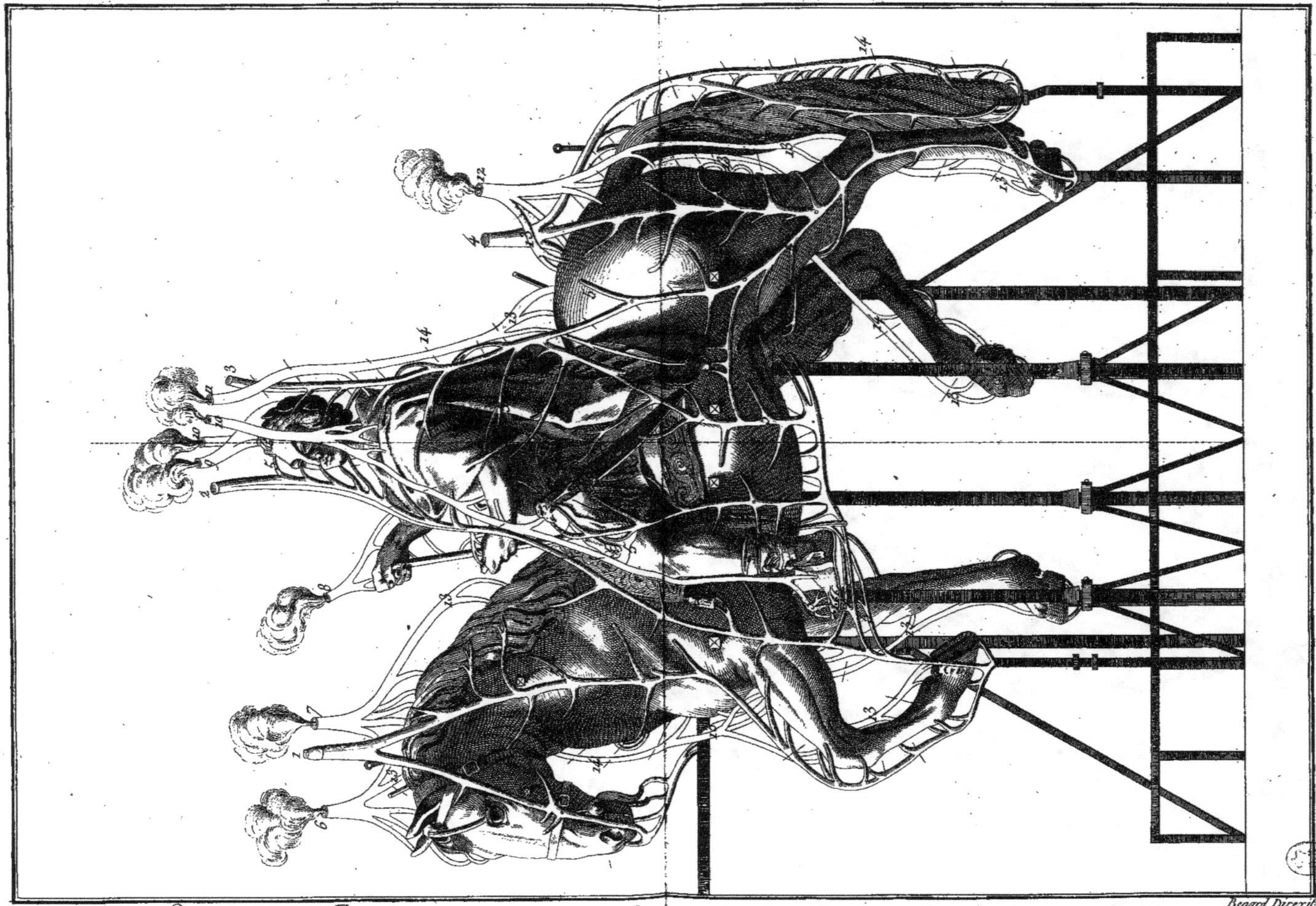

Fonte des Statues Equestres, La Figure Equestre formée en Cire avec la ramification entiere de ses jets, de ses events, &c. &c.

Pl. 8.

Fonte des Statues Equestres, Coupe du Moule de potée; la Statue formée en cire; Conduits des jets, events et des egouts en cire.

Echelle de 12 Pieds.

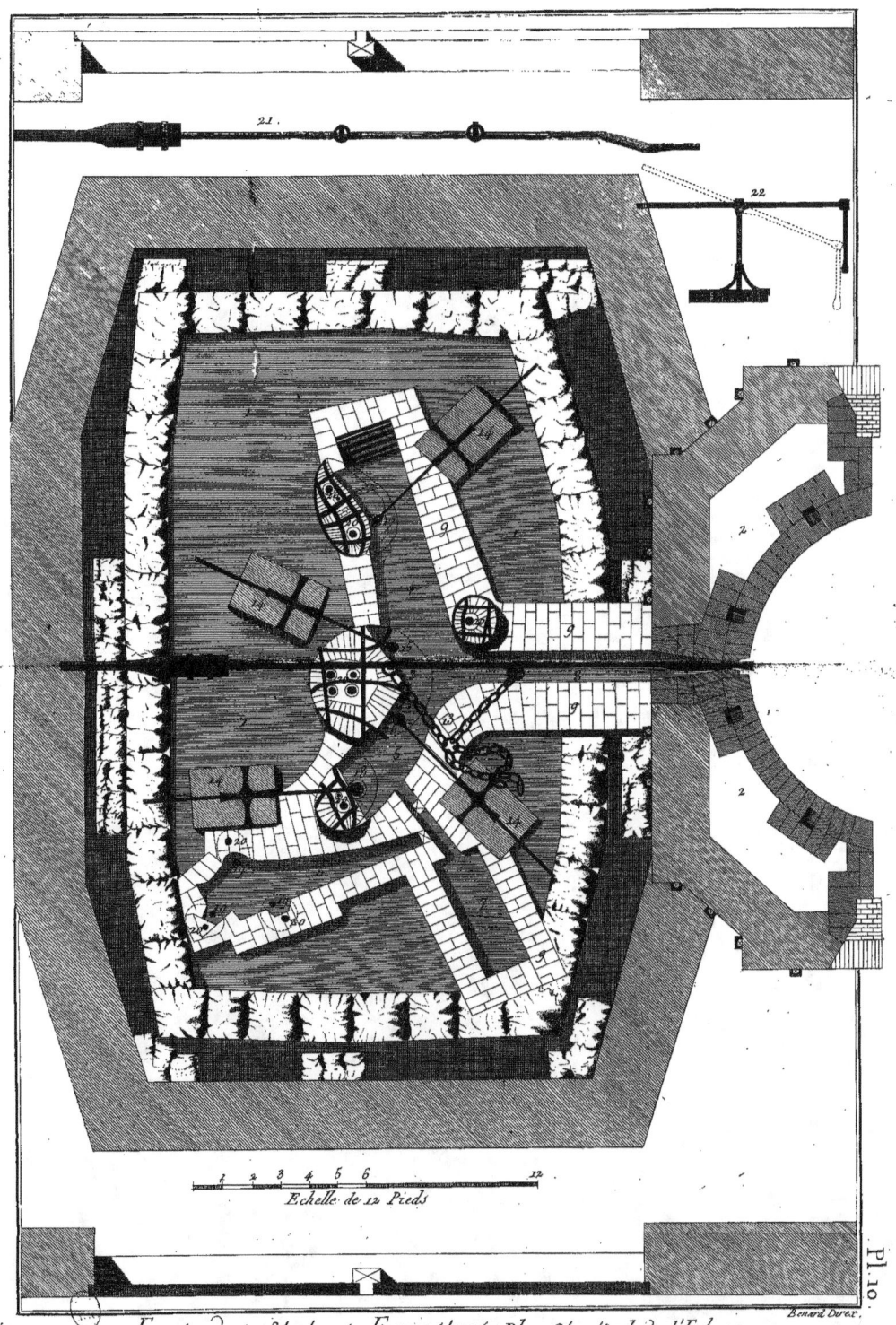

Fonte des Statues Equestres, Plan Géométral de l'Echeno.

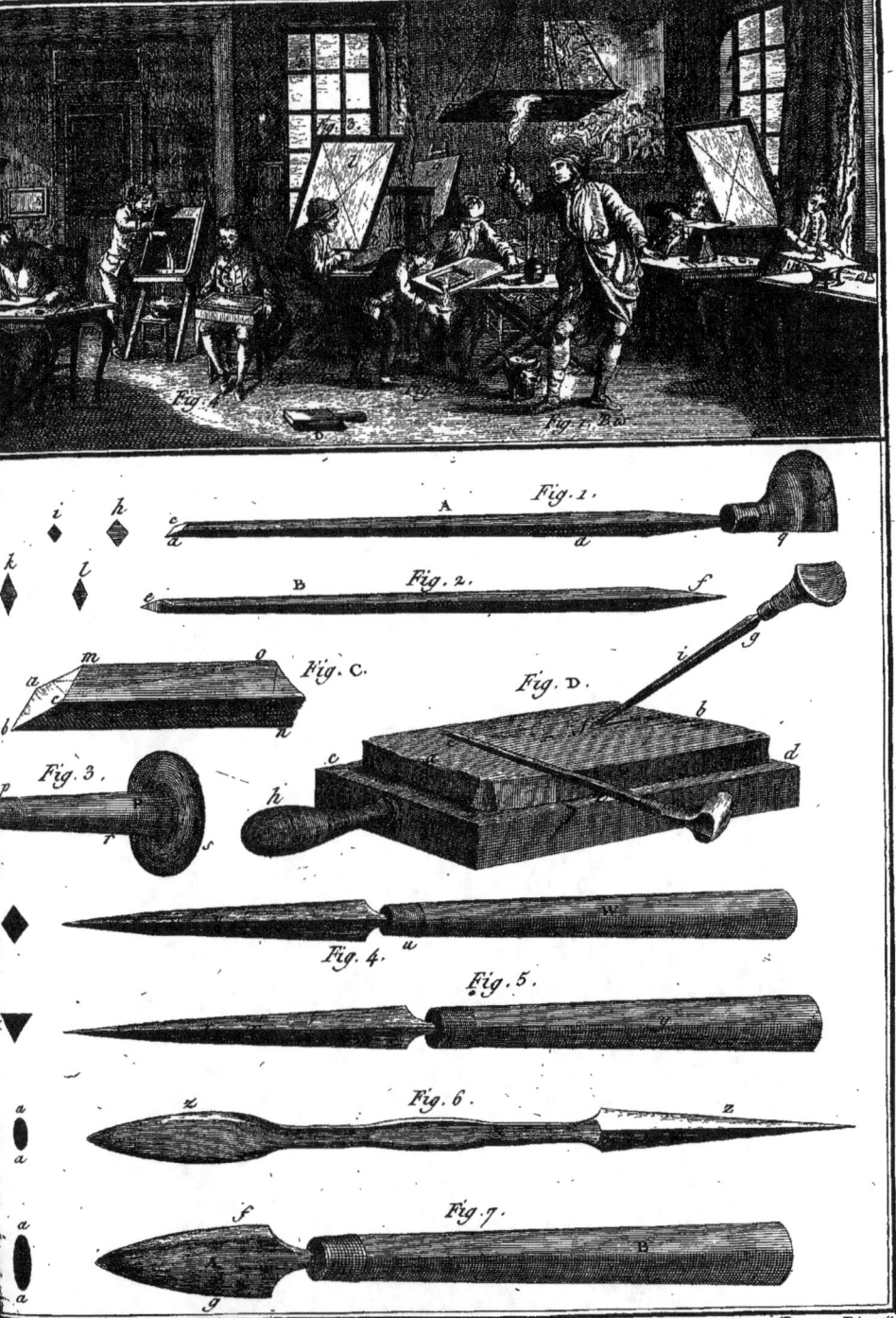

Gravure en Taille-Douce.

Gravure en Taille Douce.

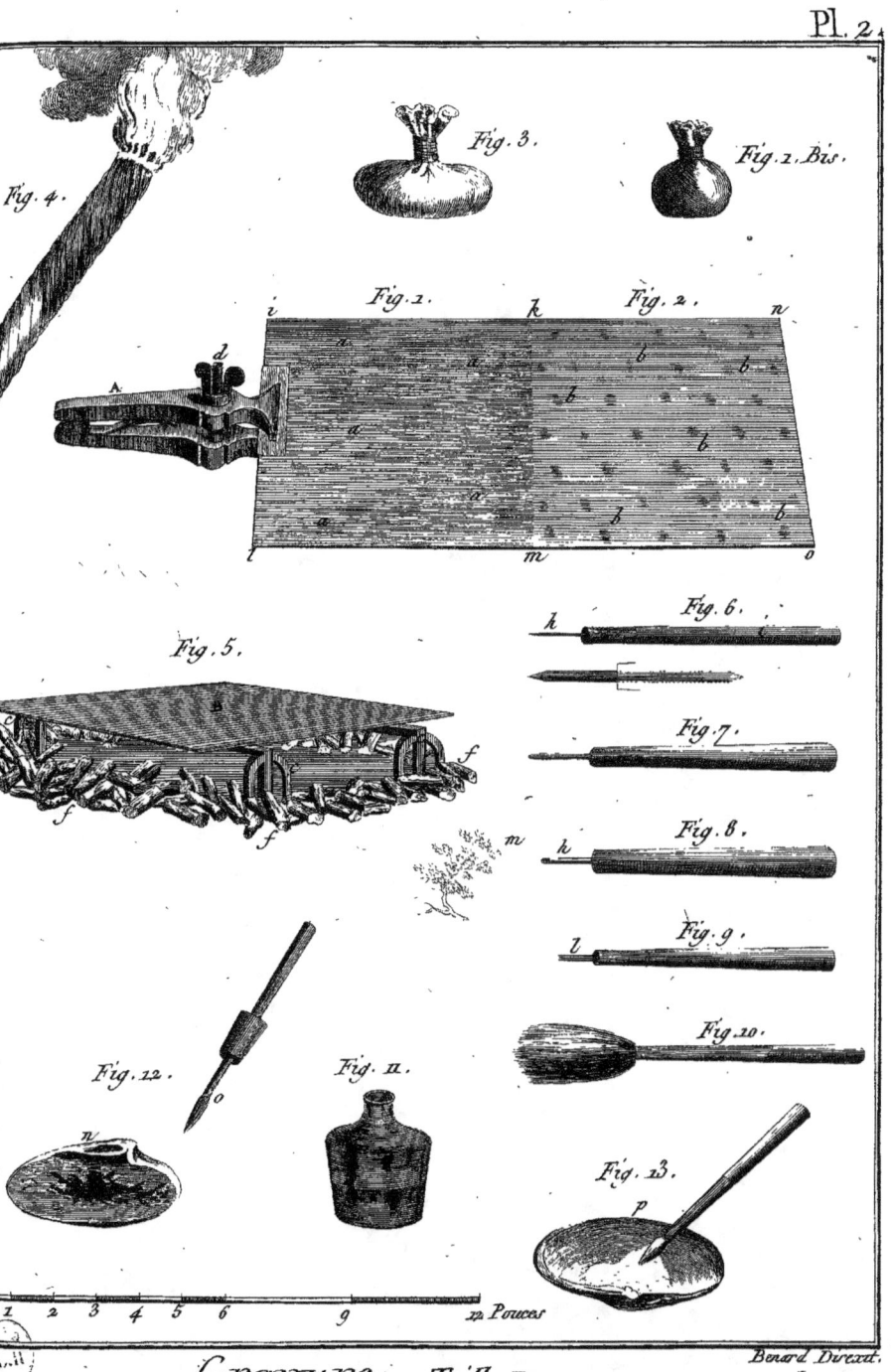

Gravure en Taille Douce.

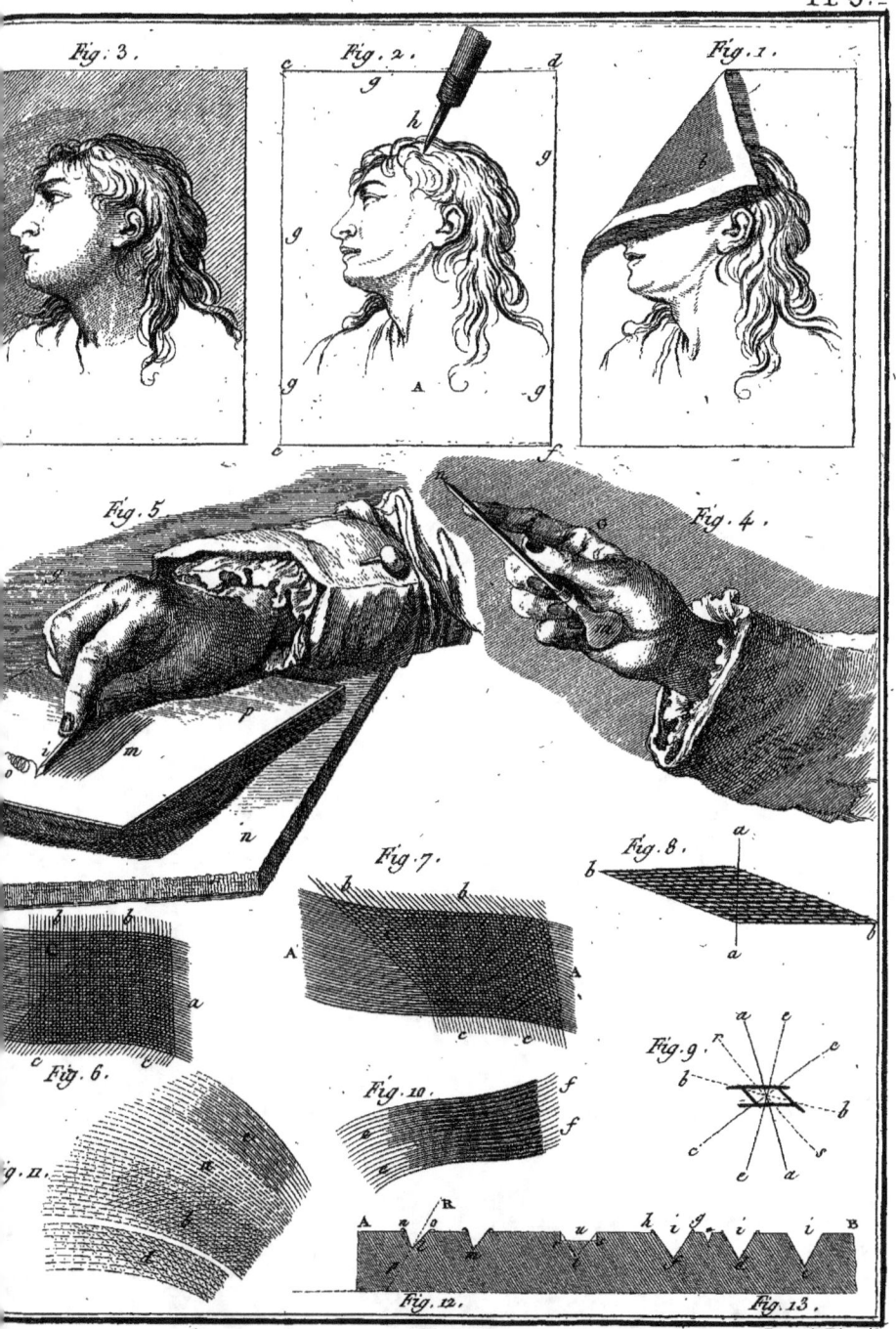

Gravure en Taille-Douce.

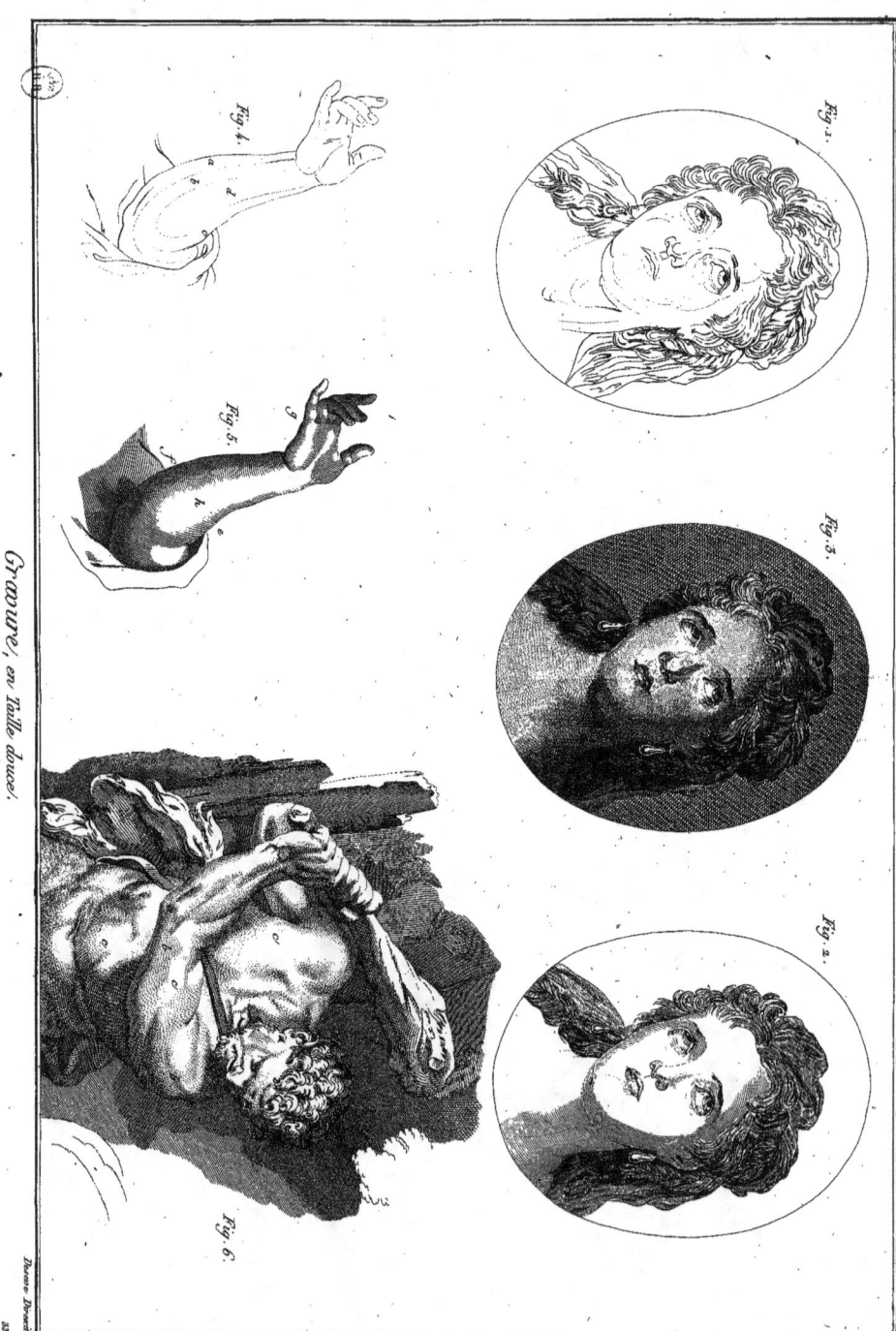

Gravure, en Taille douce.

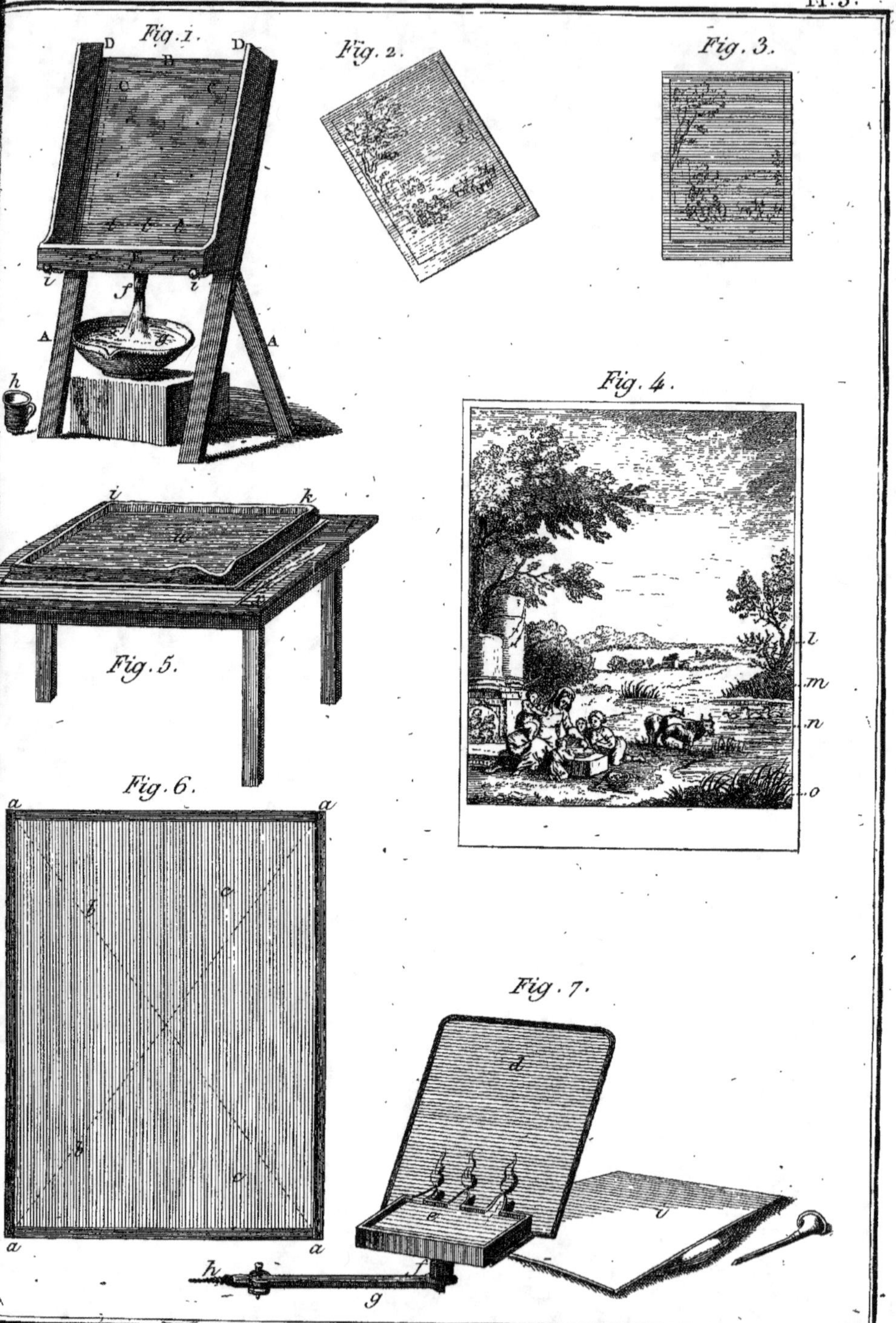

Gravure, Maniere de faire mordre a l'eau-forte.

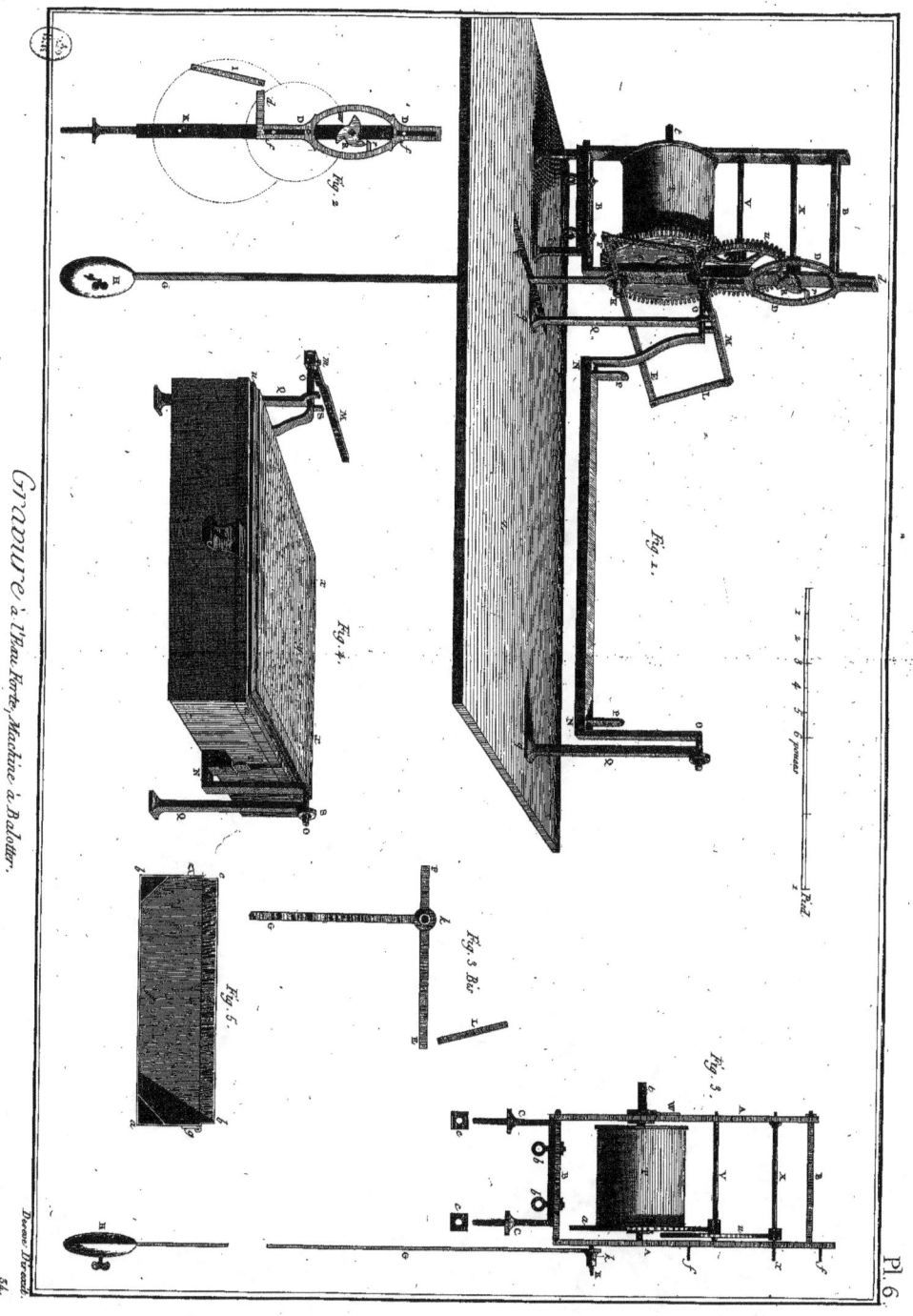

Gravure à l'Eau-forte, Machine à Raloter.

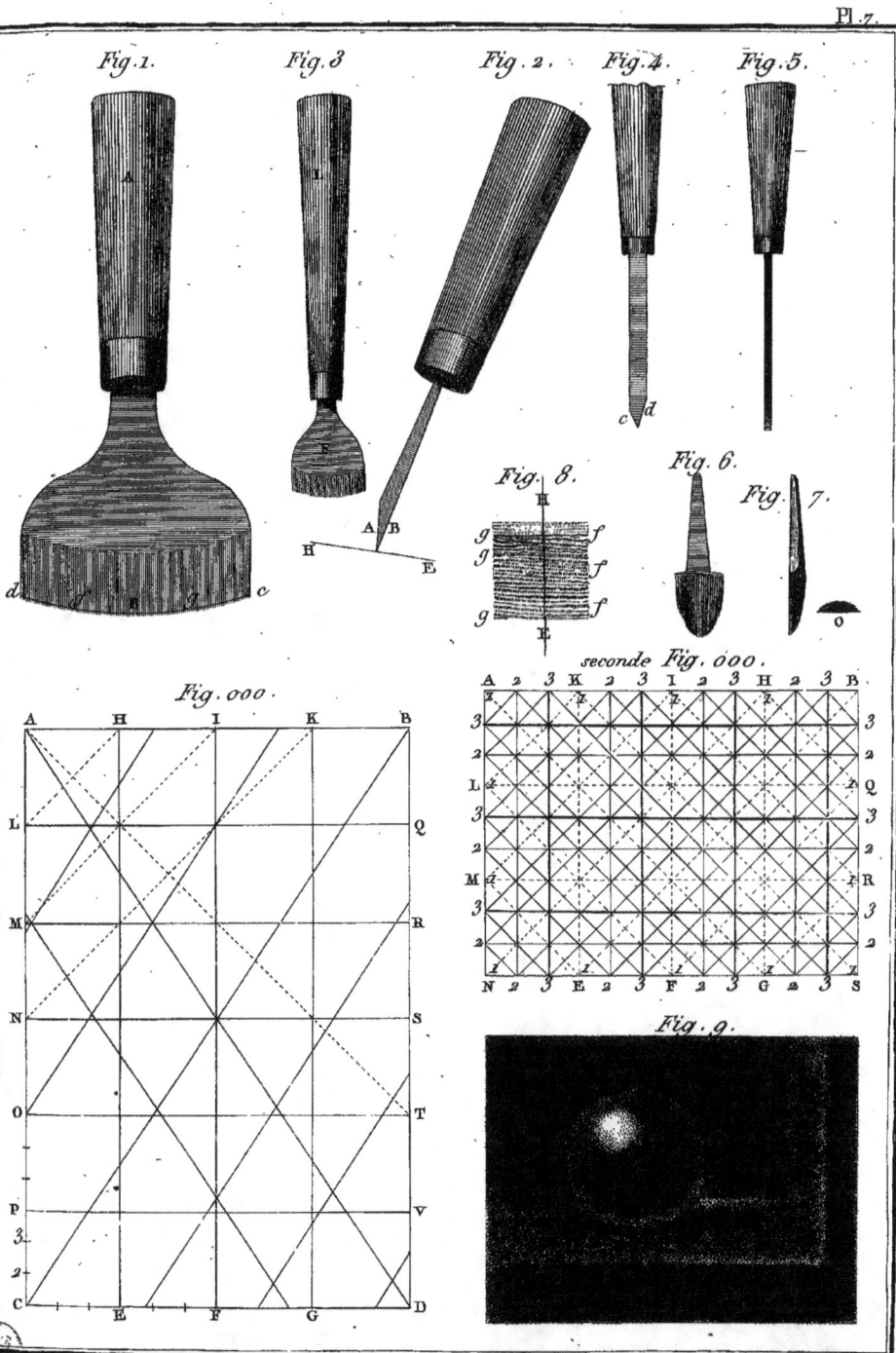

Gravure en Maniere Noire.

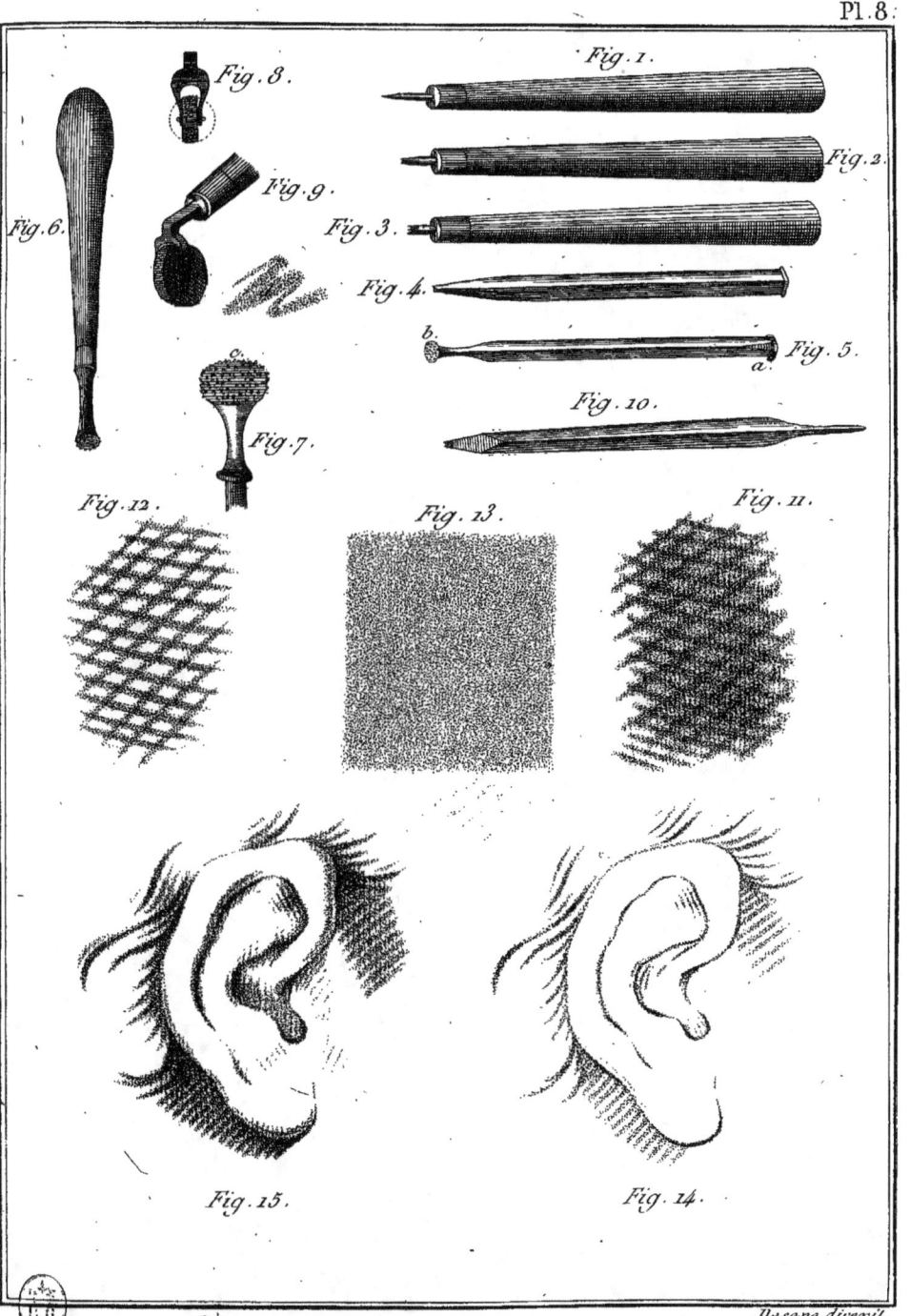

Gravure en Maniere de Crayon.

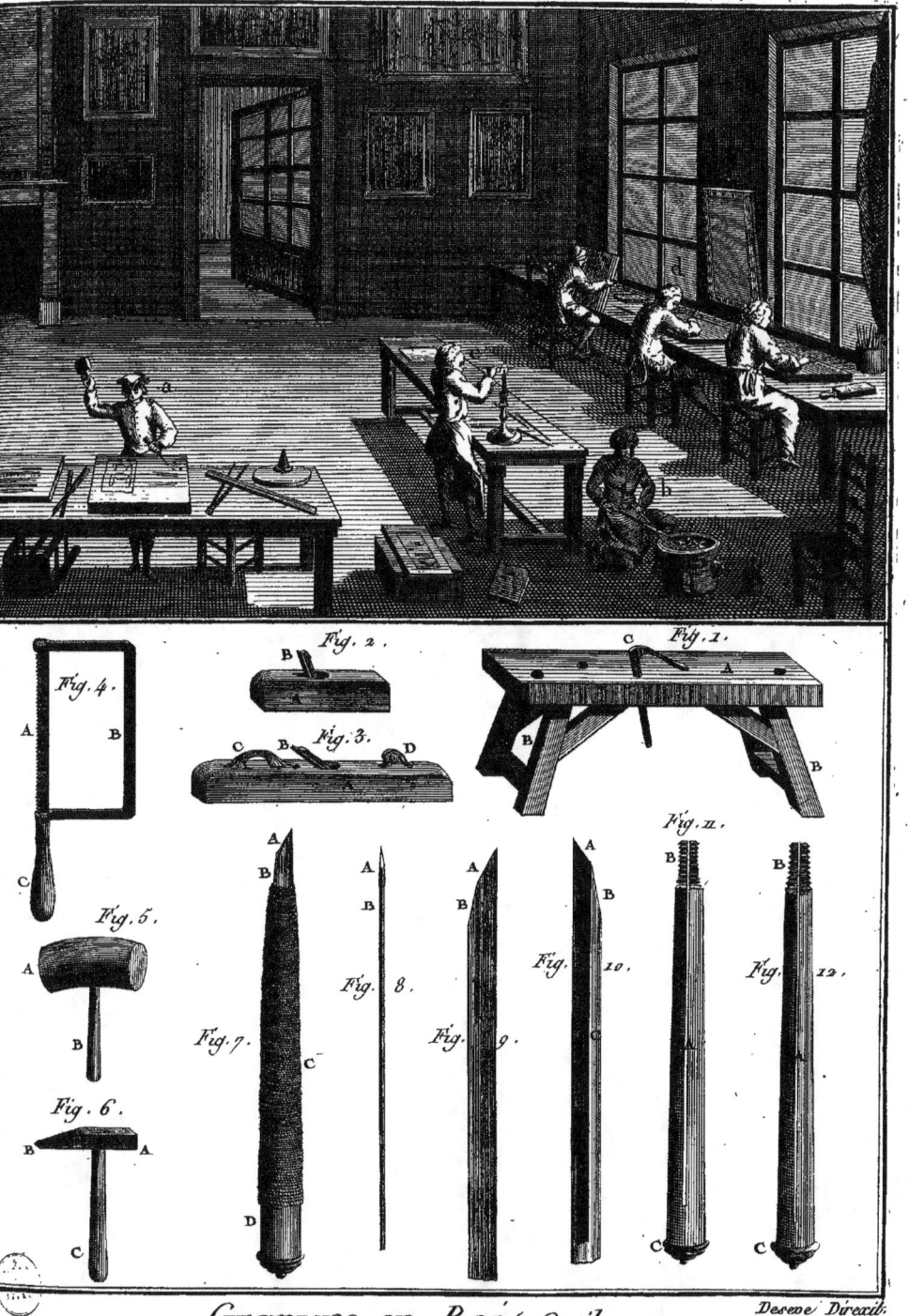

Gravure en Bois, Outils.

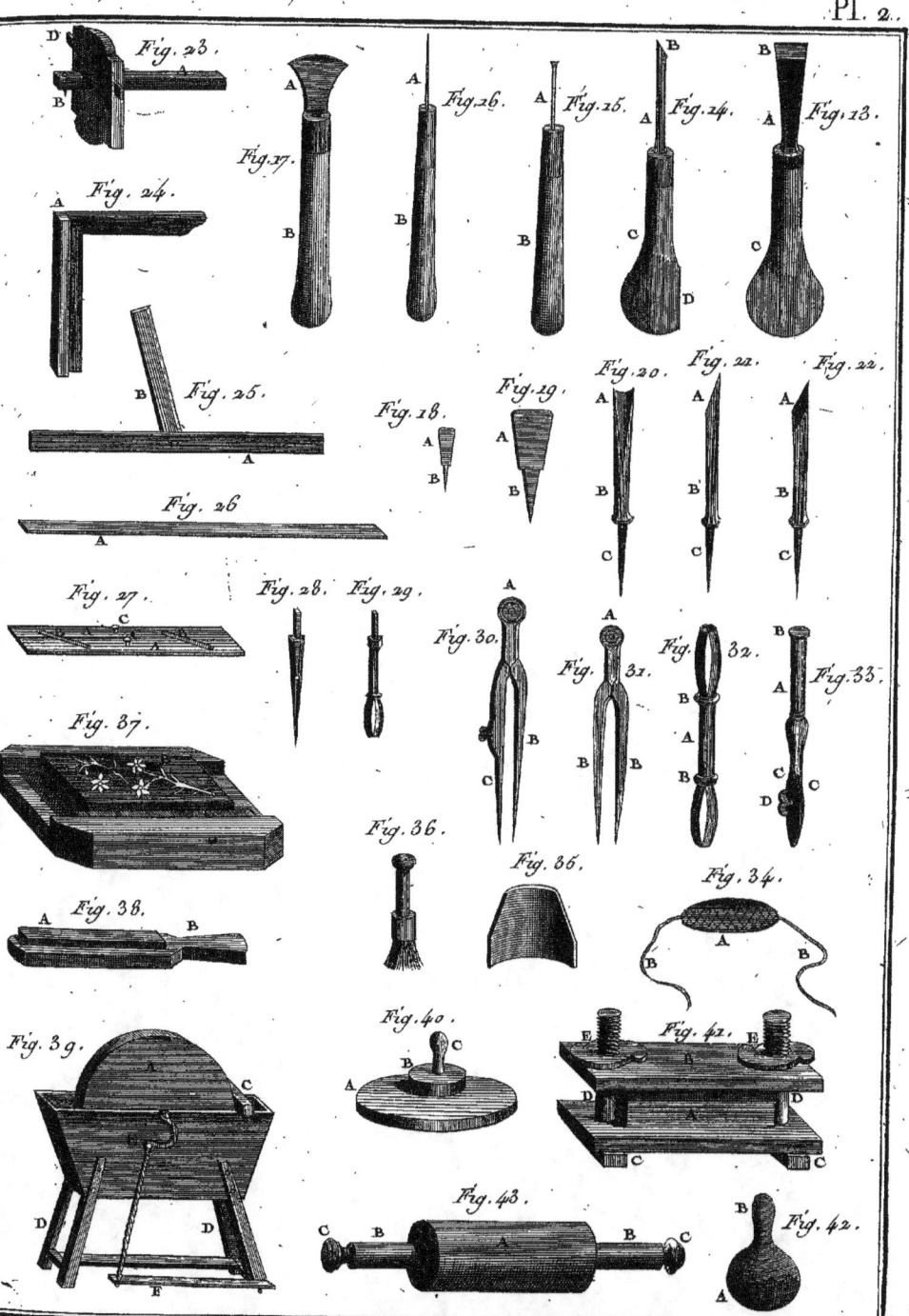

Pl. 2.

Gravure en Bois, Outils.

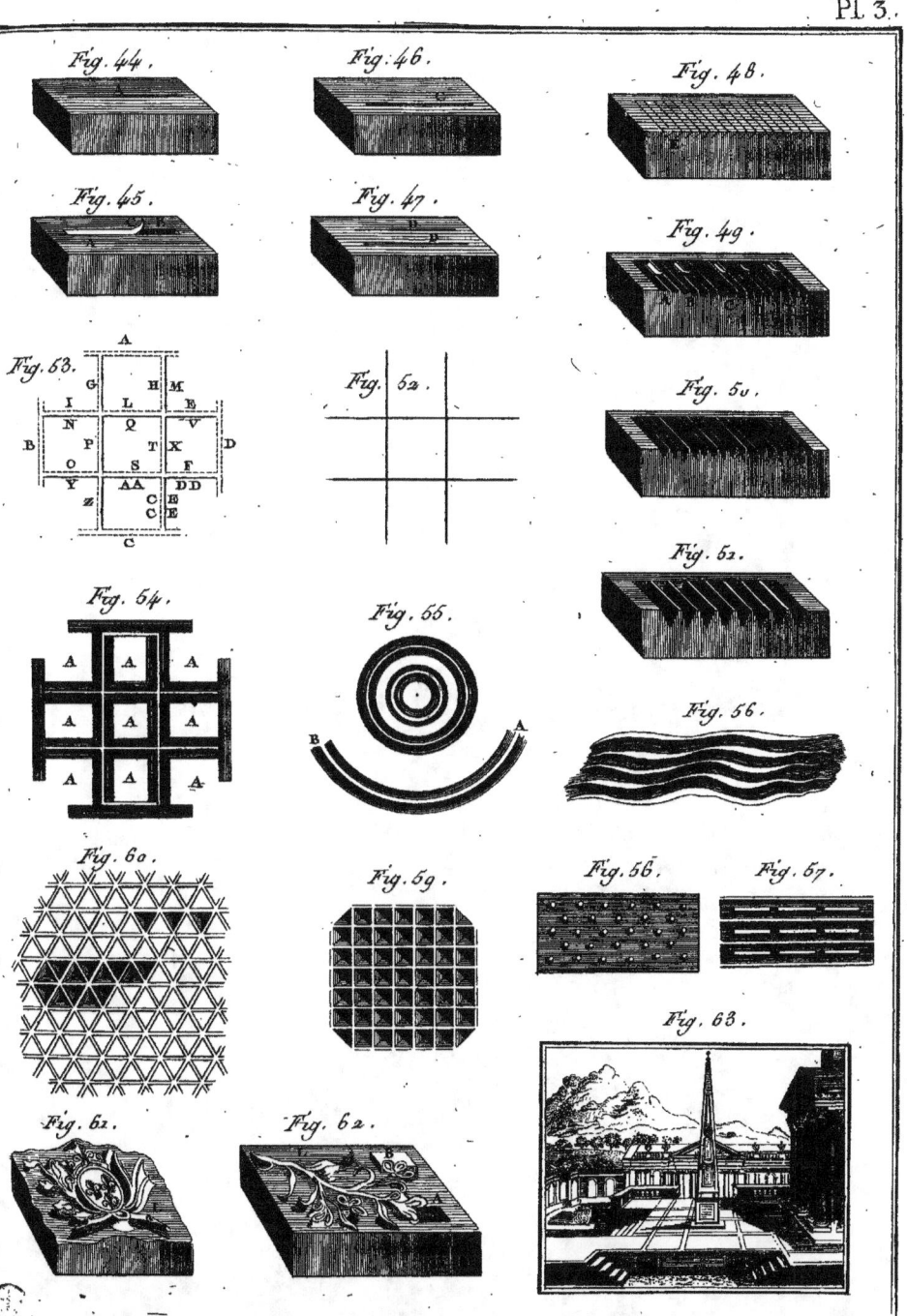

Gravure en Bois, Principes.

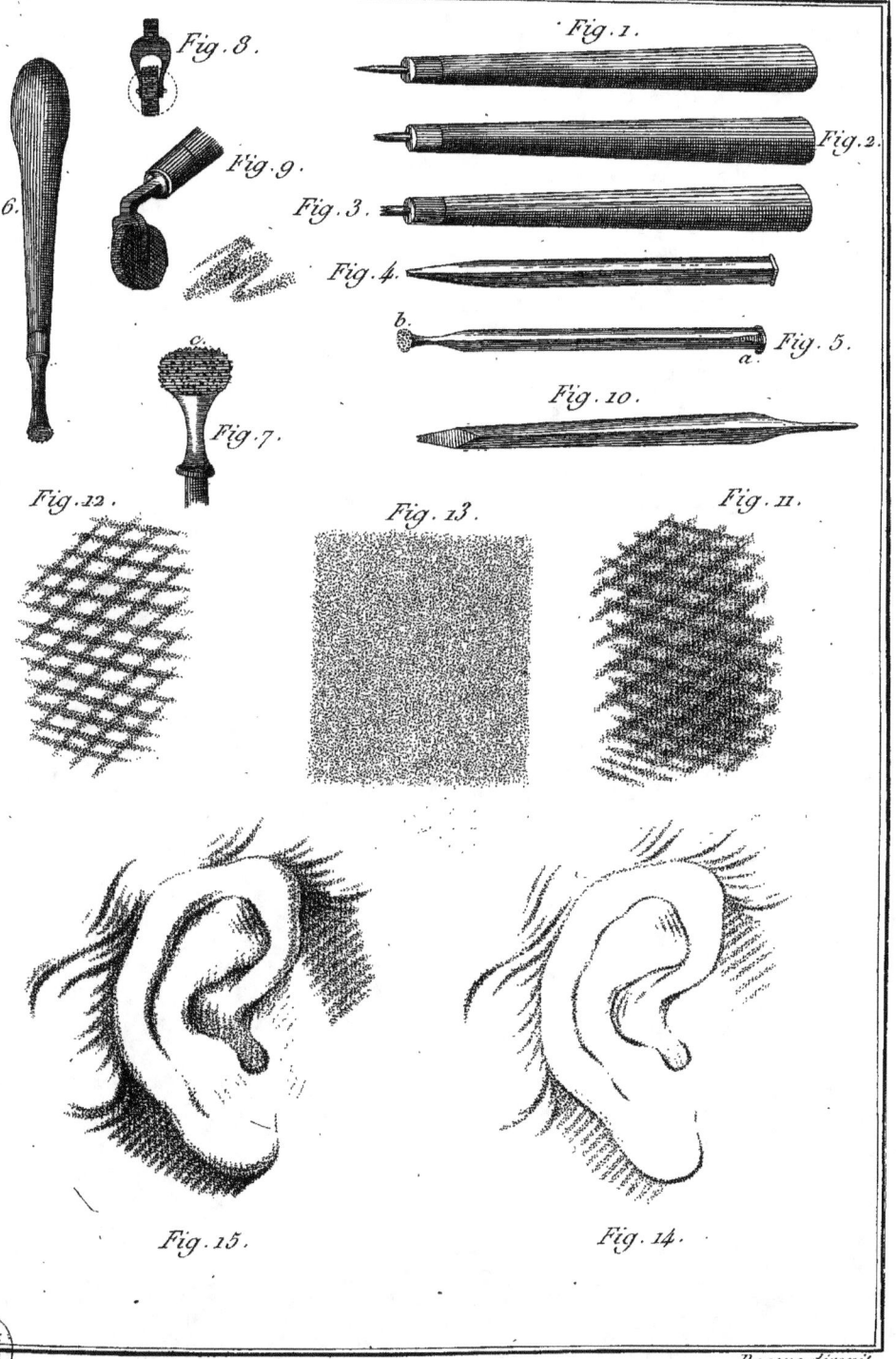

Gravure en Maniere de Crayon.

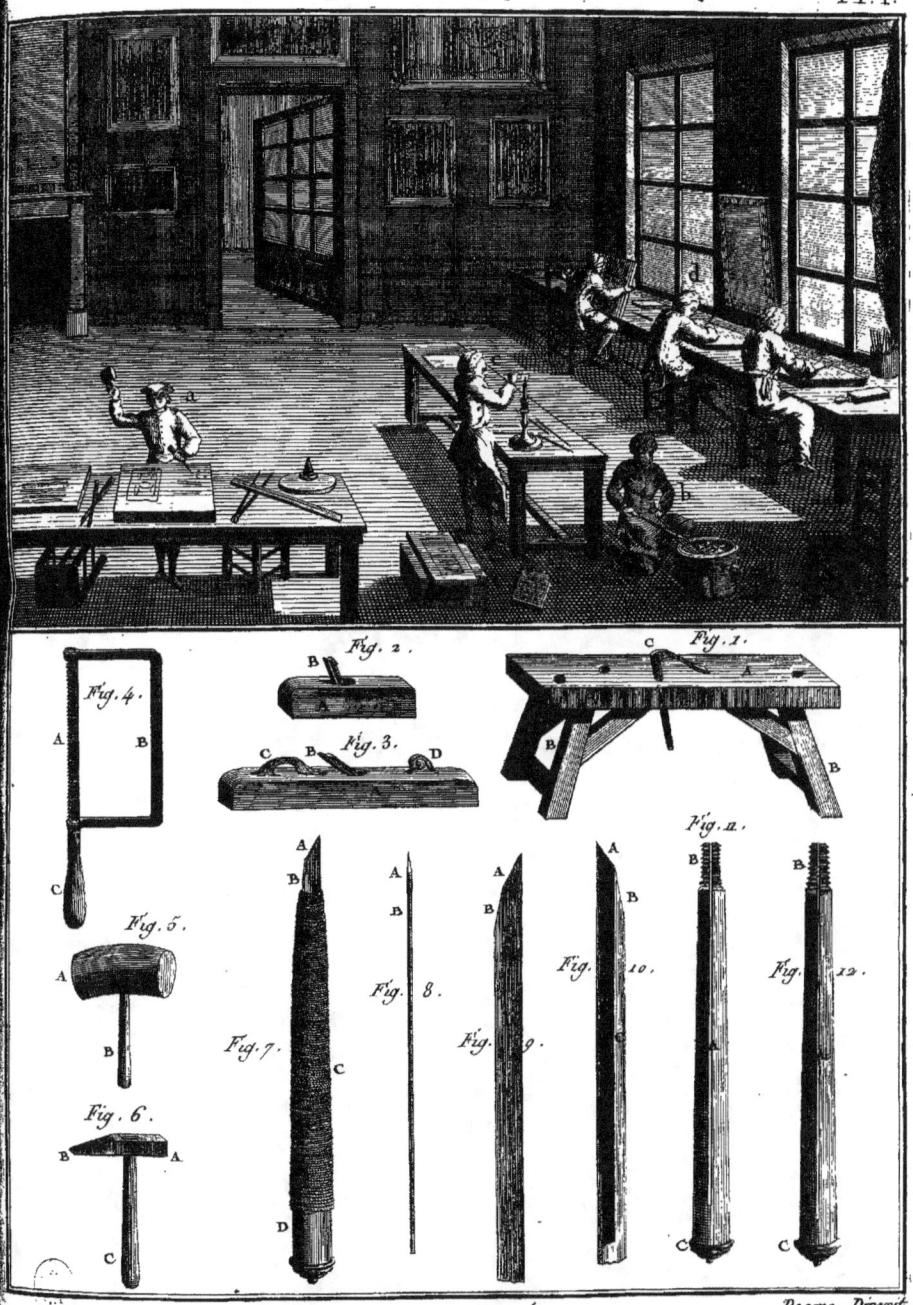

Gravure en Bois, Outils.

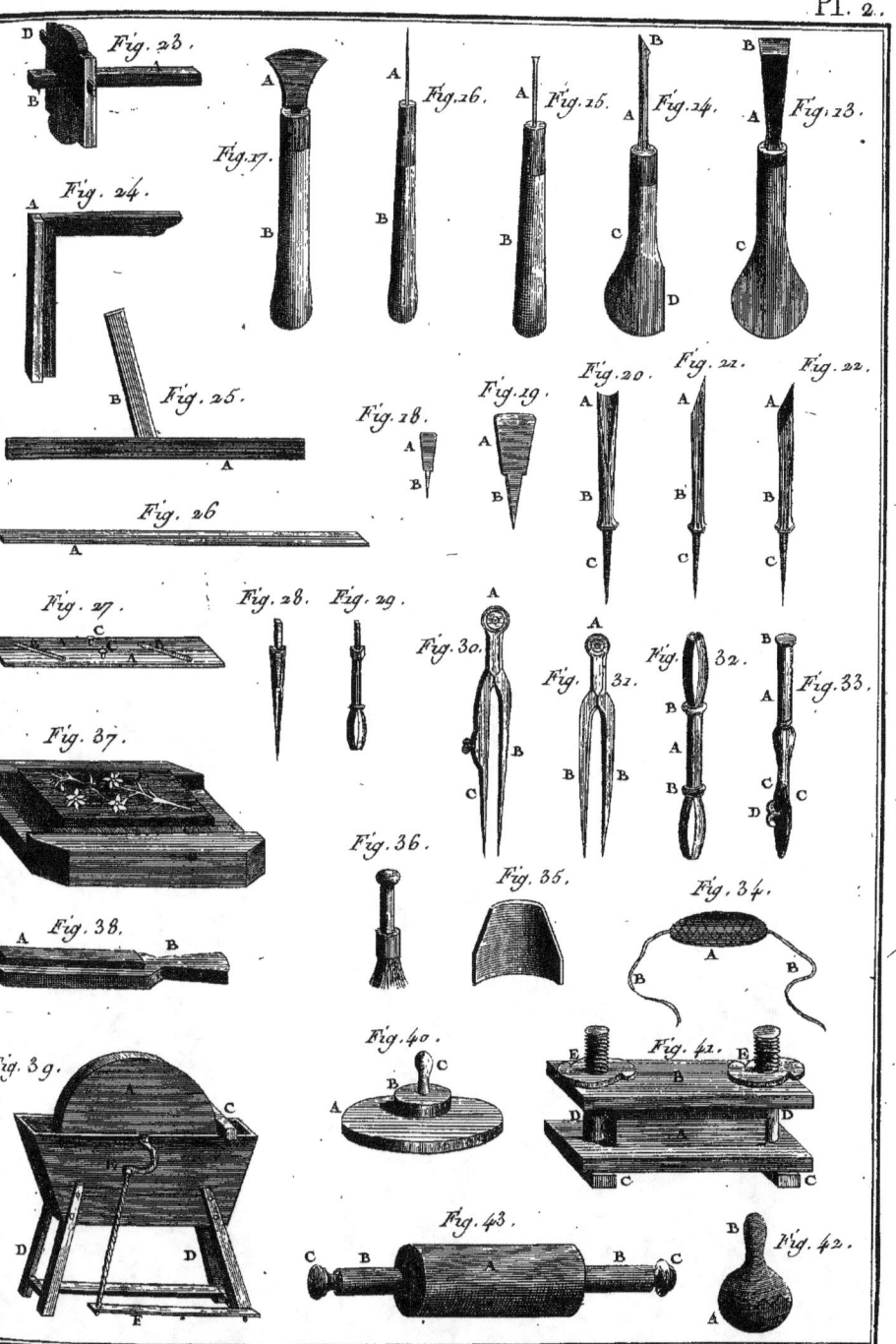

Gravure en Bois, Outils.

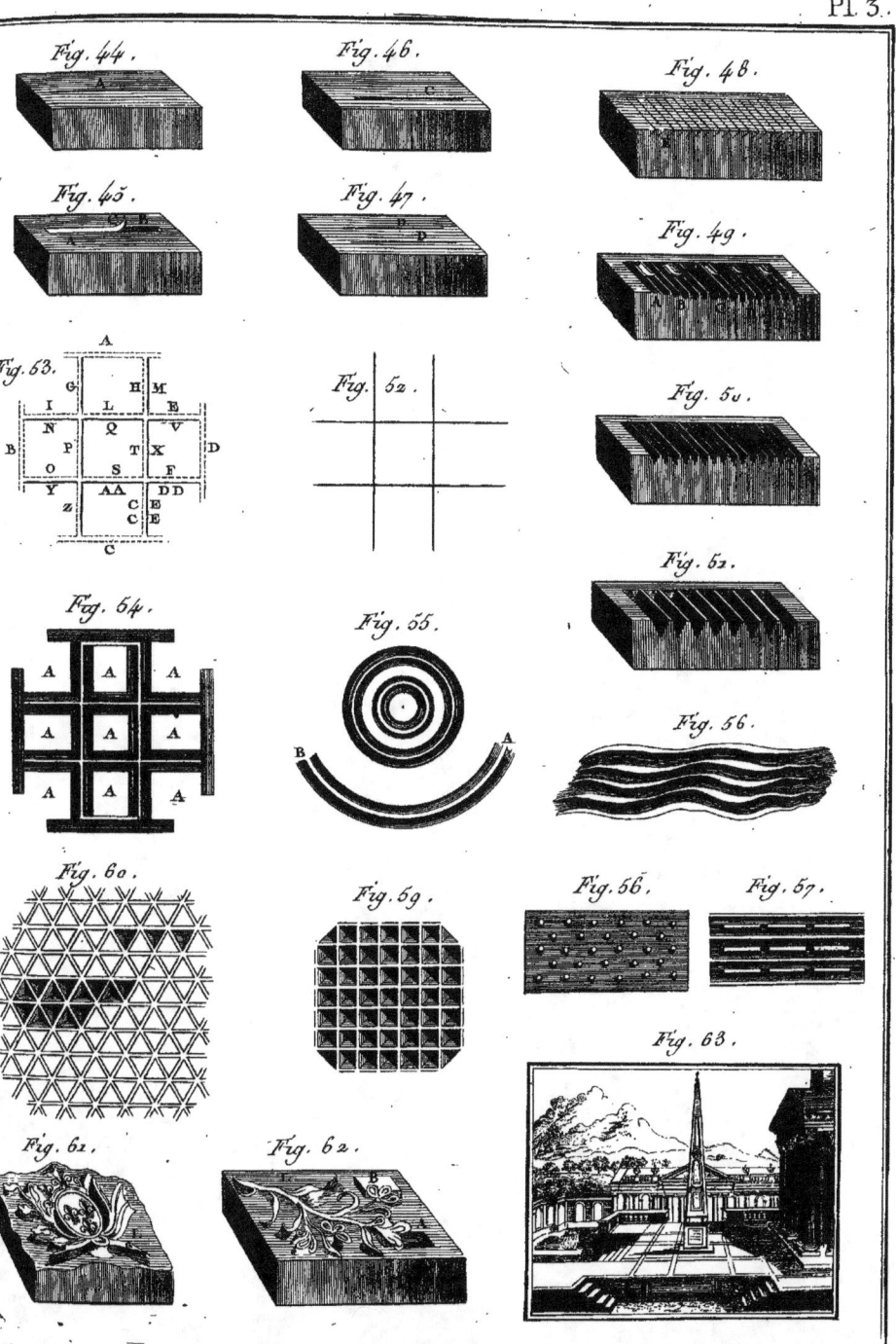

Gravure en Bois, Principes.

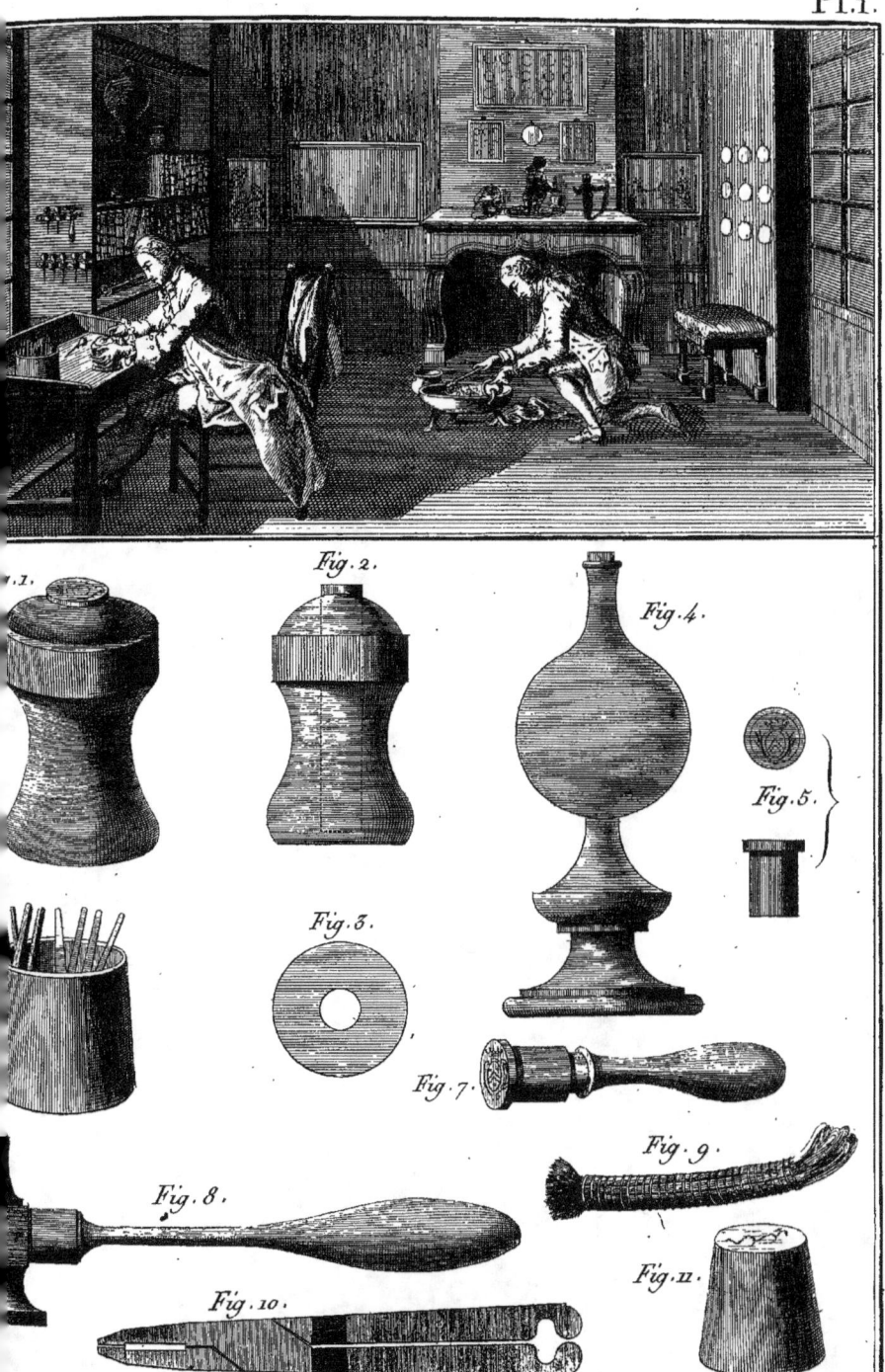

Gravure, en Cachet.

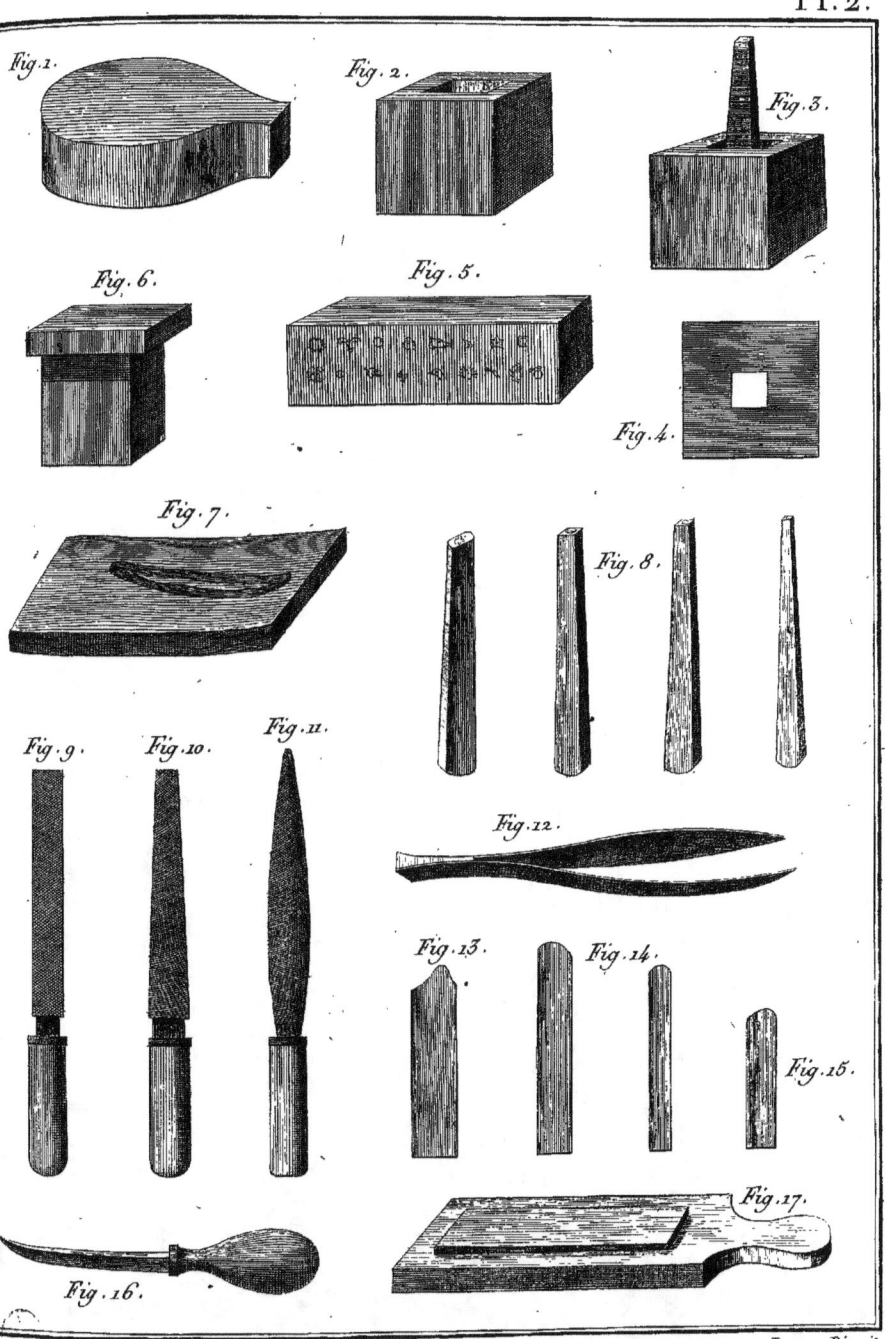

Gravure, en Cachet.

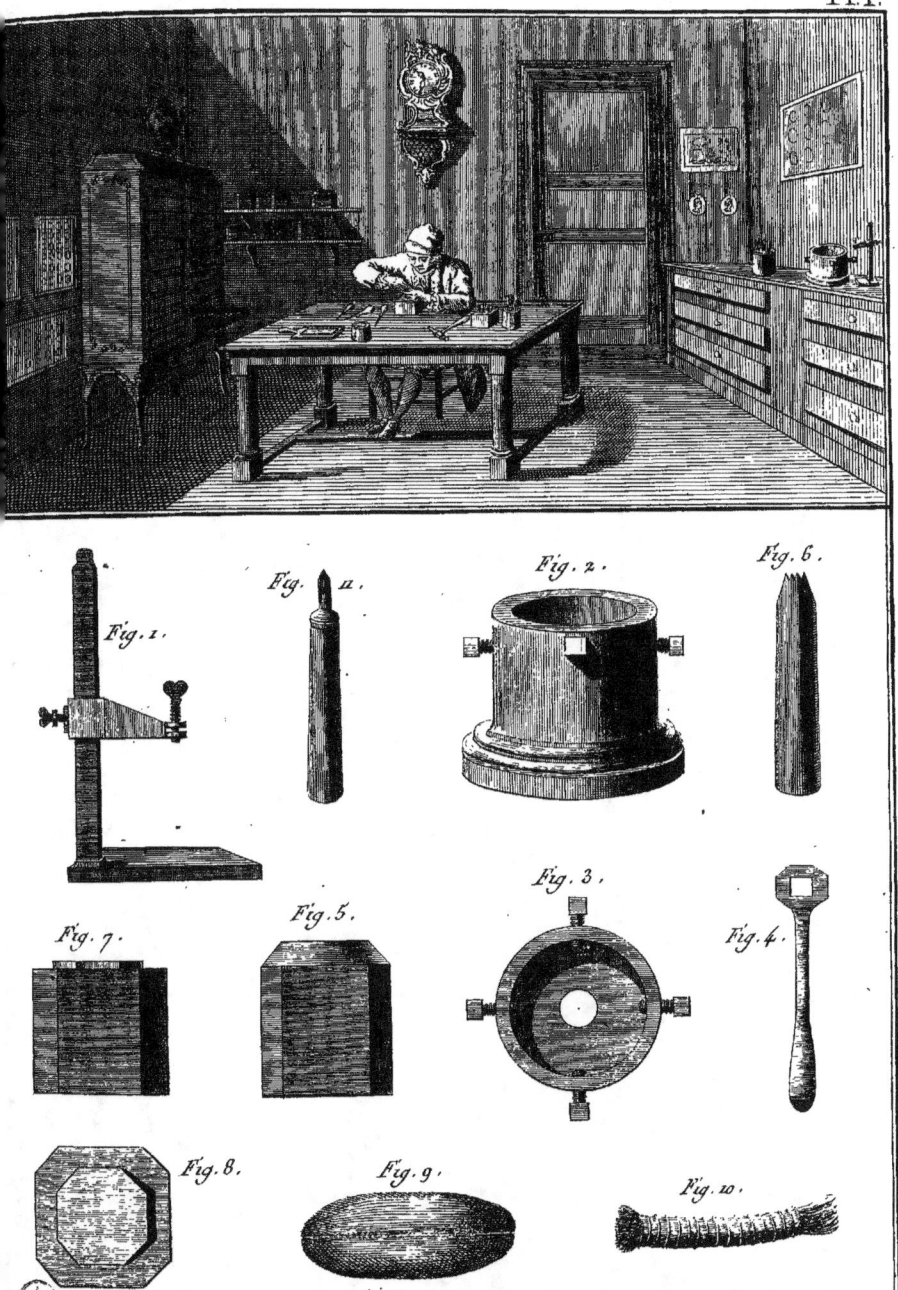

Gravure en Médaille.

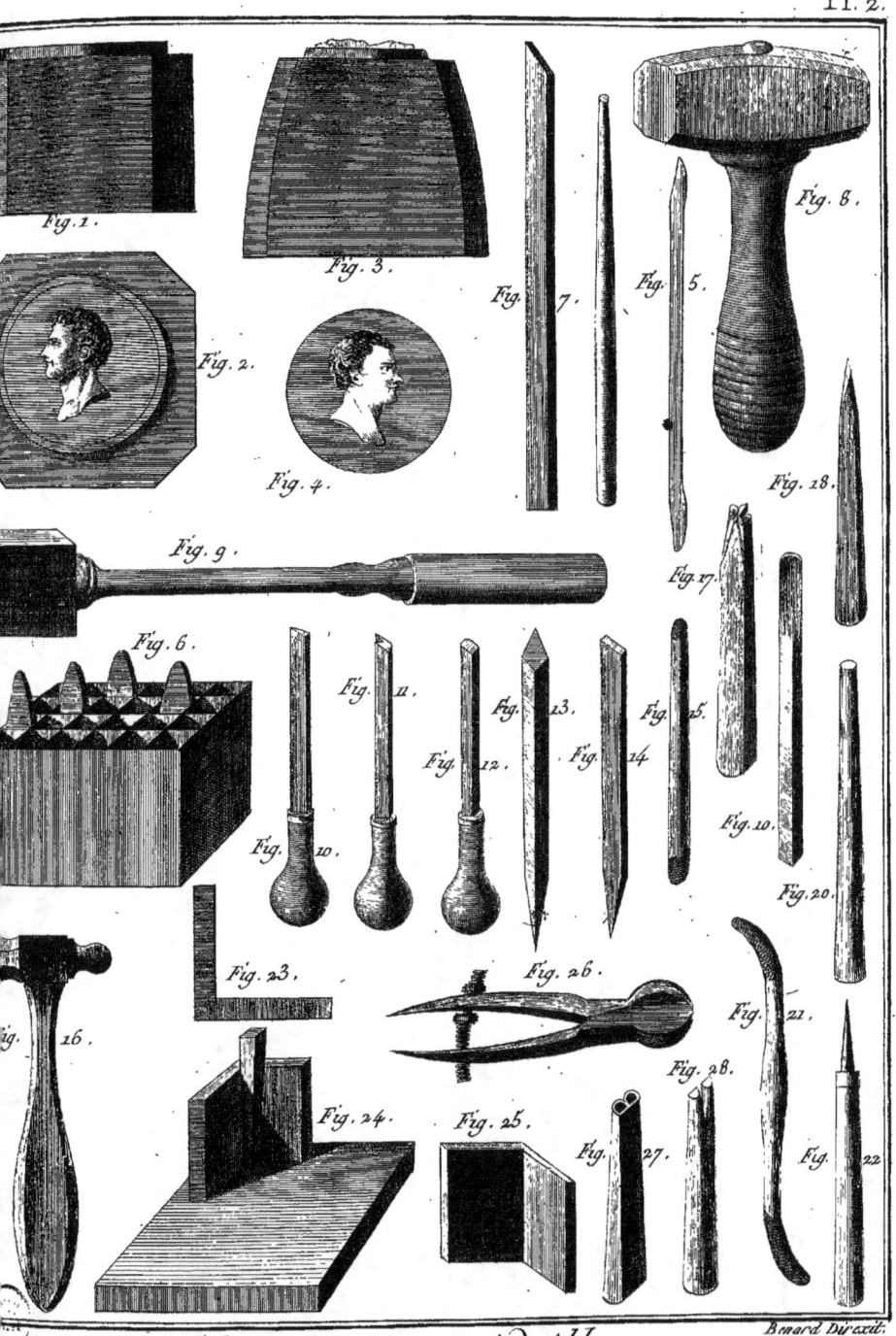

Gravure en Médaille.

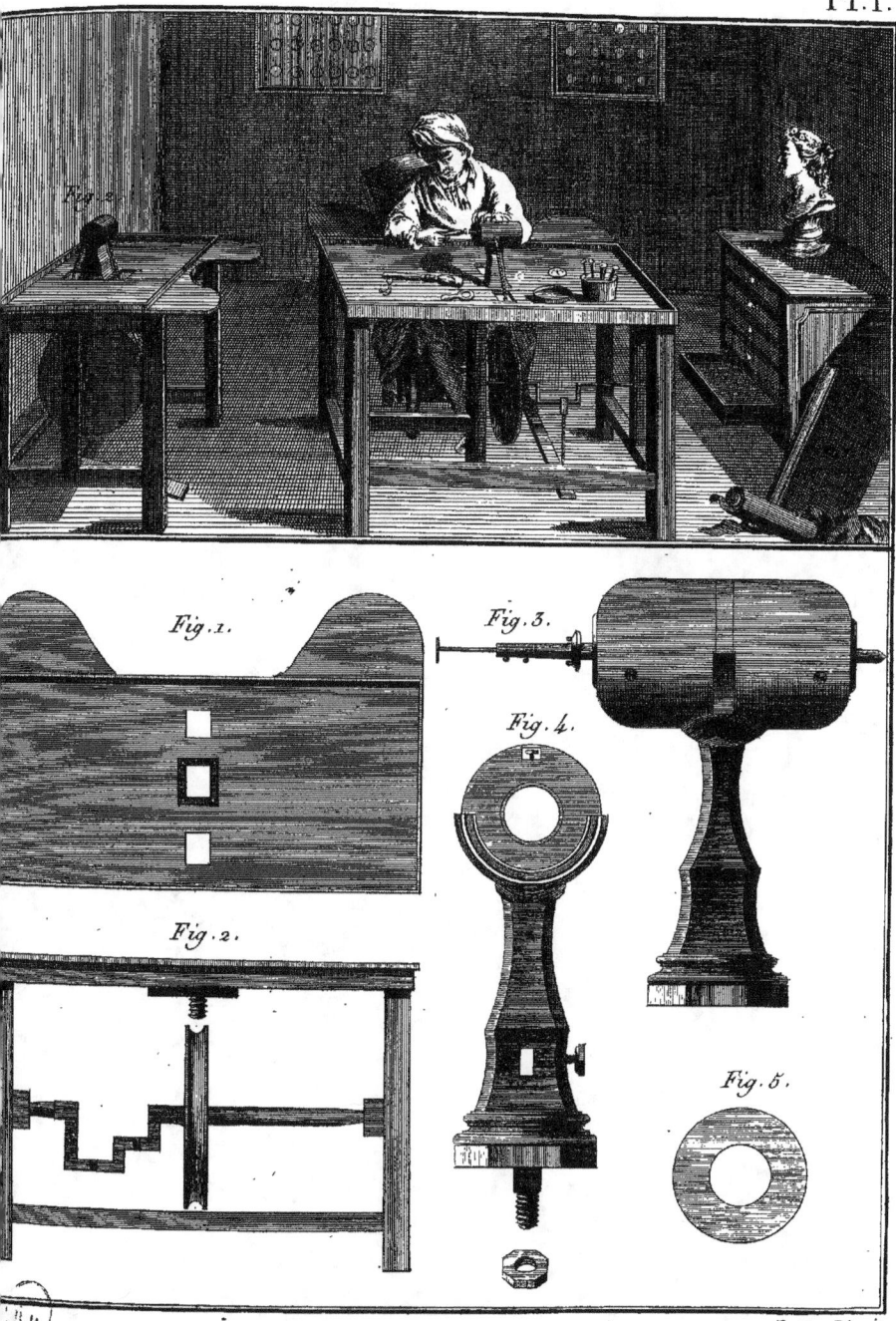

Gravure, en Pierres fines.

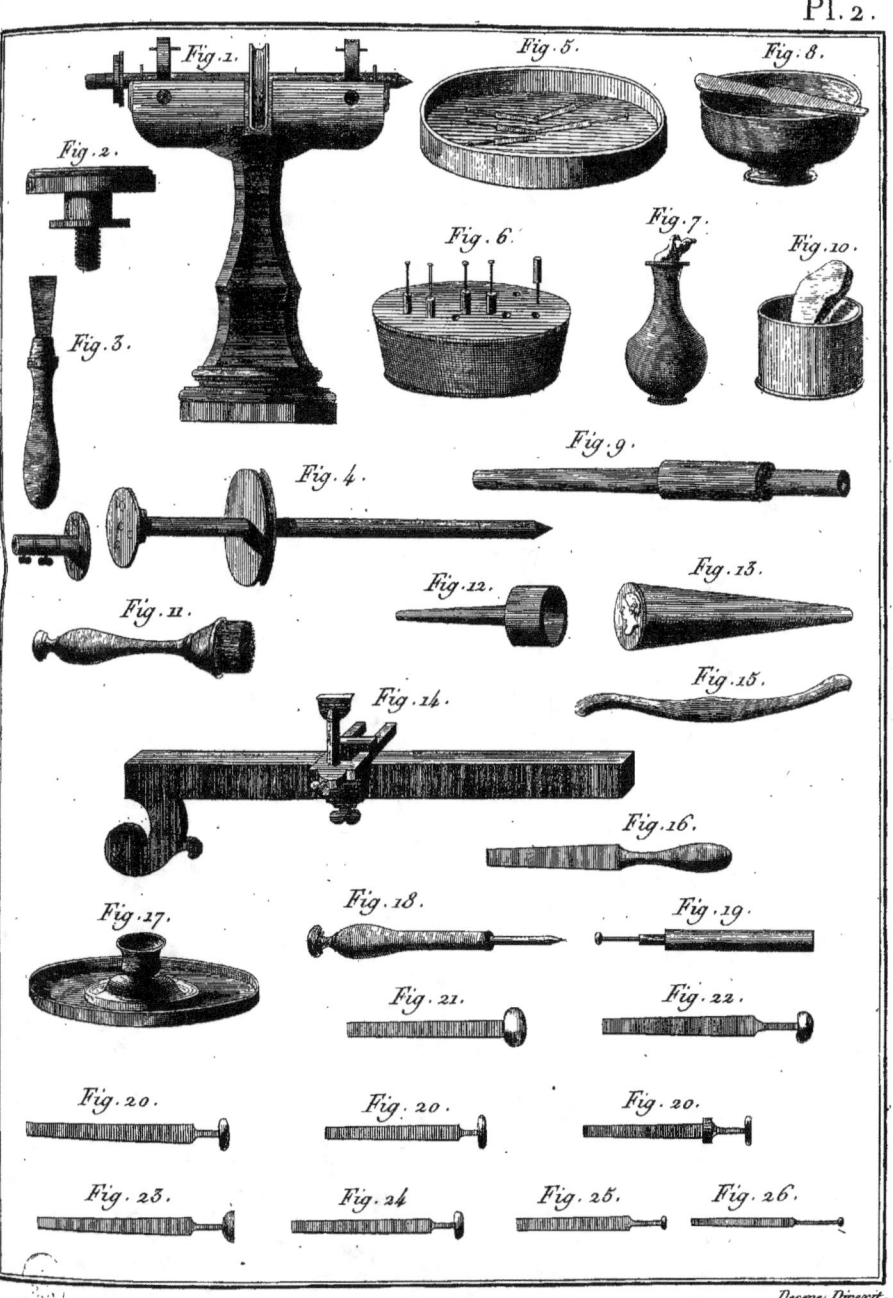

Gravure, en Pierres fines.

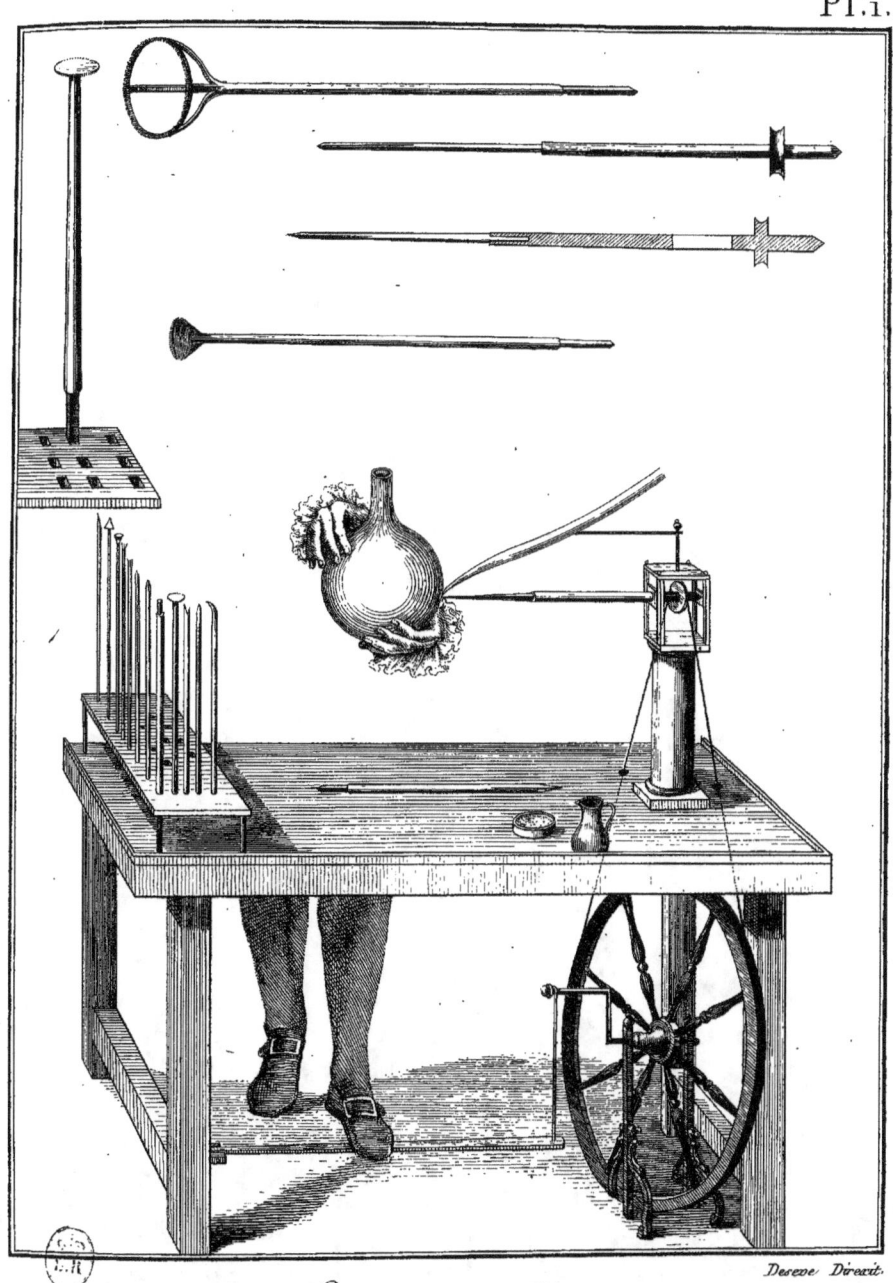

Gravure, en Verre.

Deseve Direxit.

37. bis.

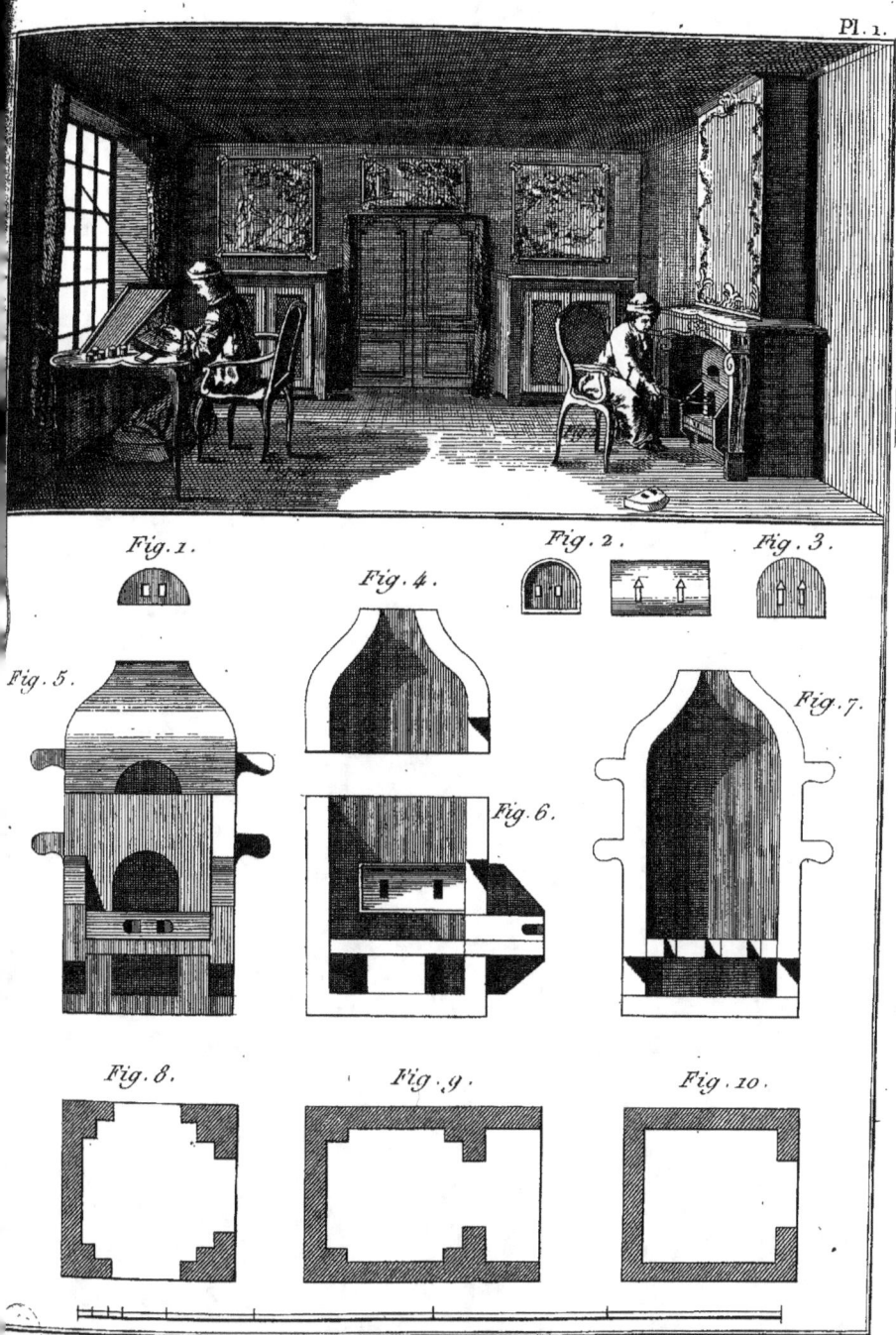

Peinture en Email.

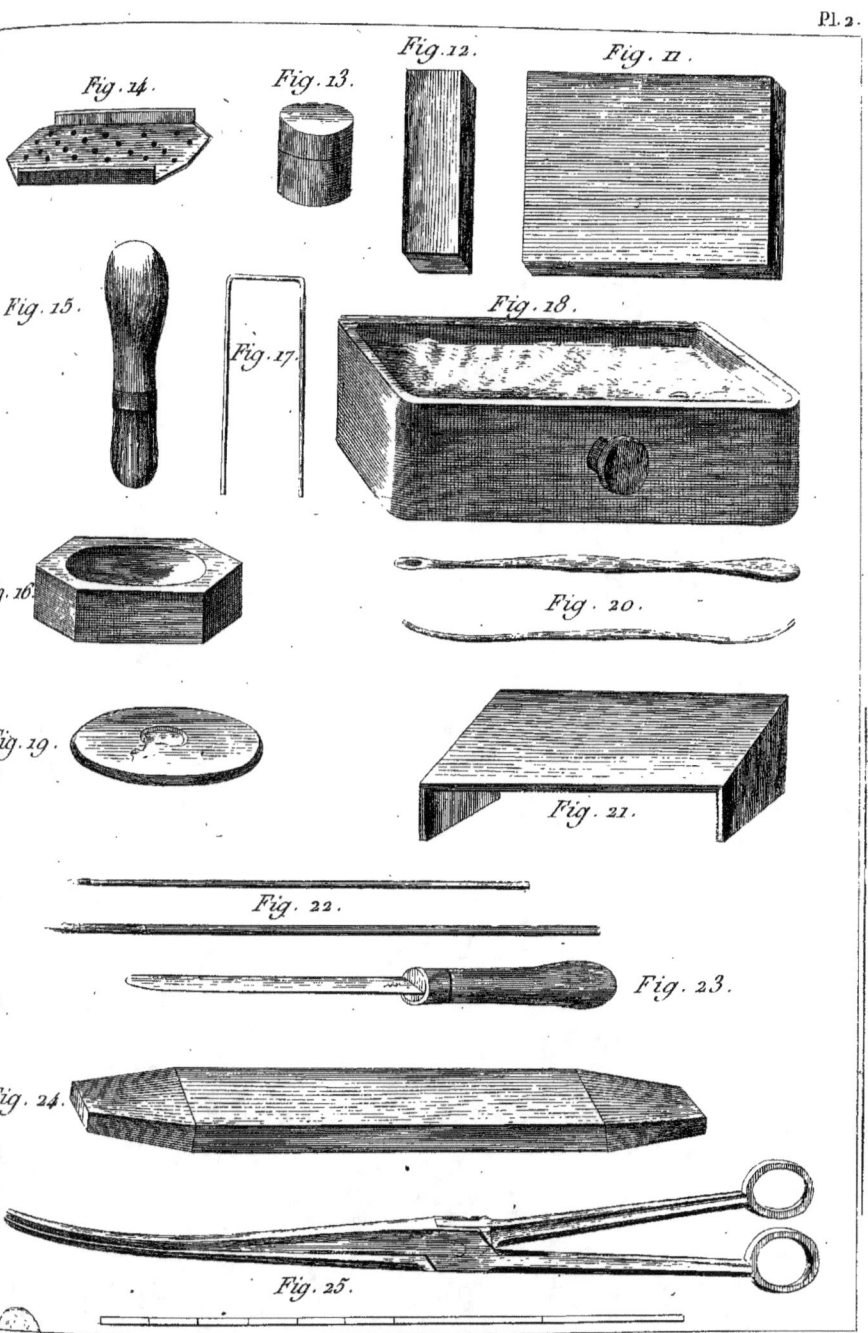

Peinture en Email.

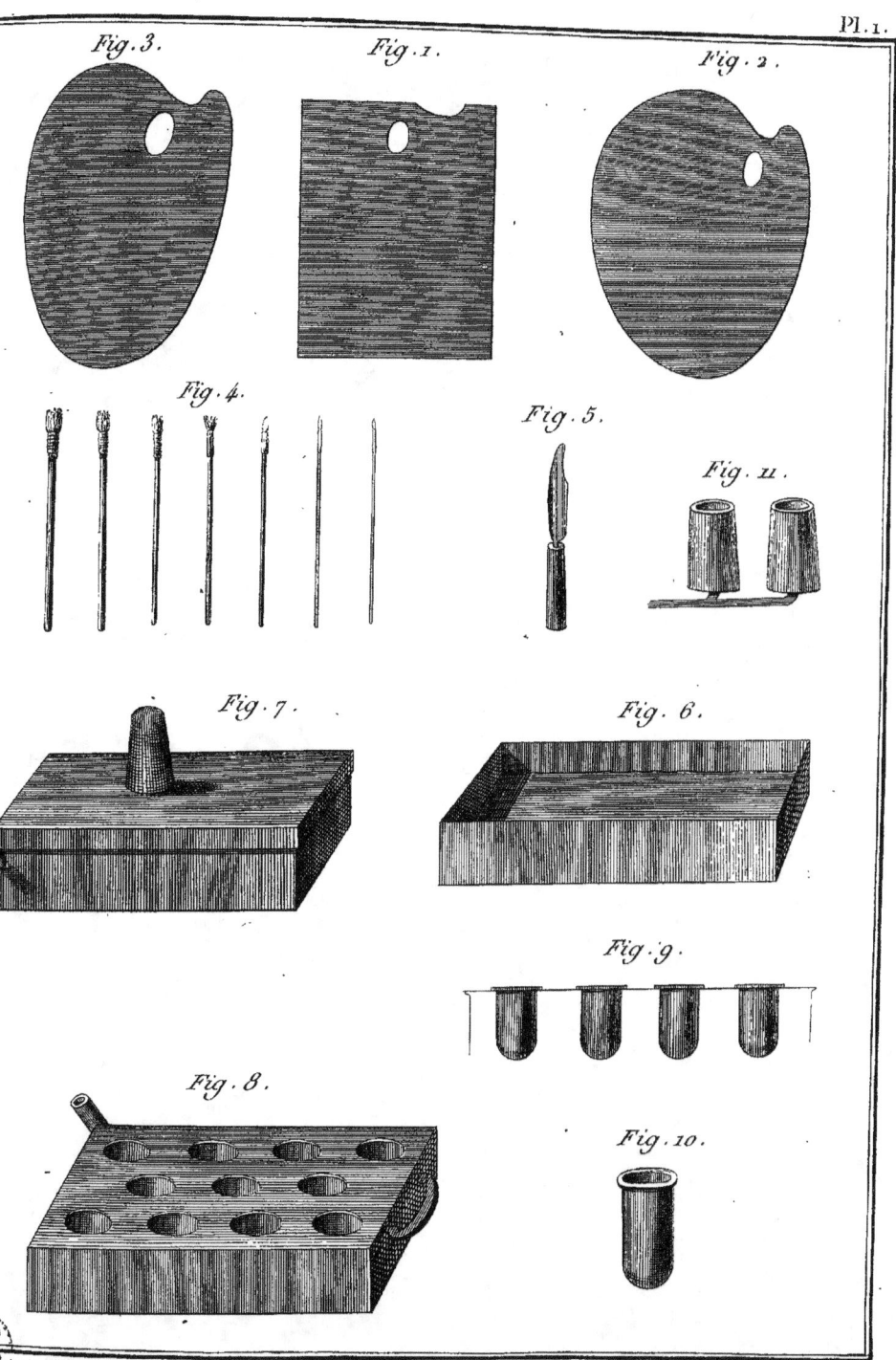

Peinture, Ustenciles de la Peinture à l'Encaustique.

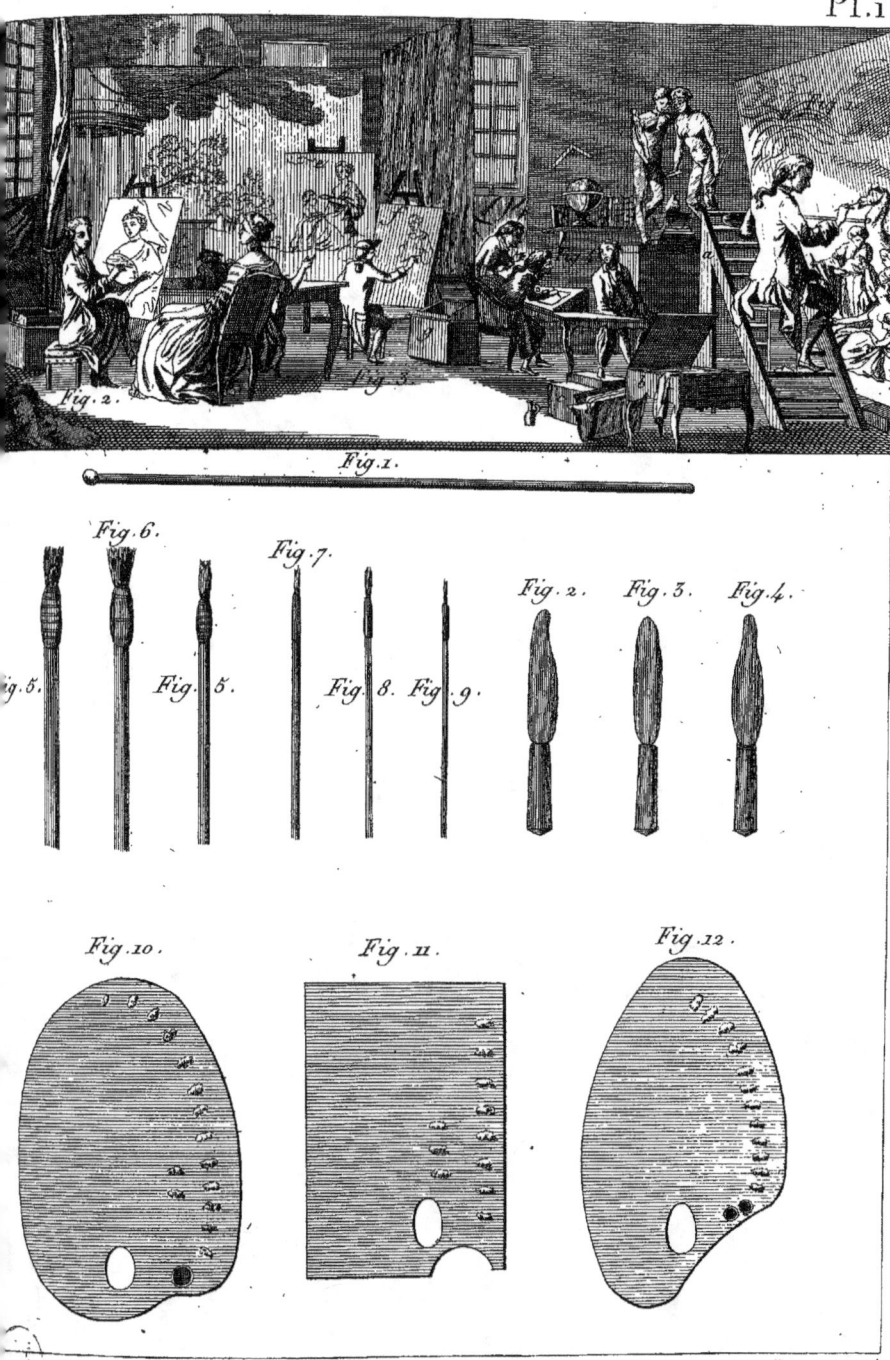

Peinture à l'Huile, Atelier, palettes et pinceaux.

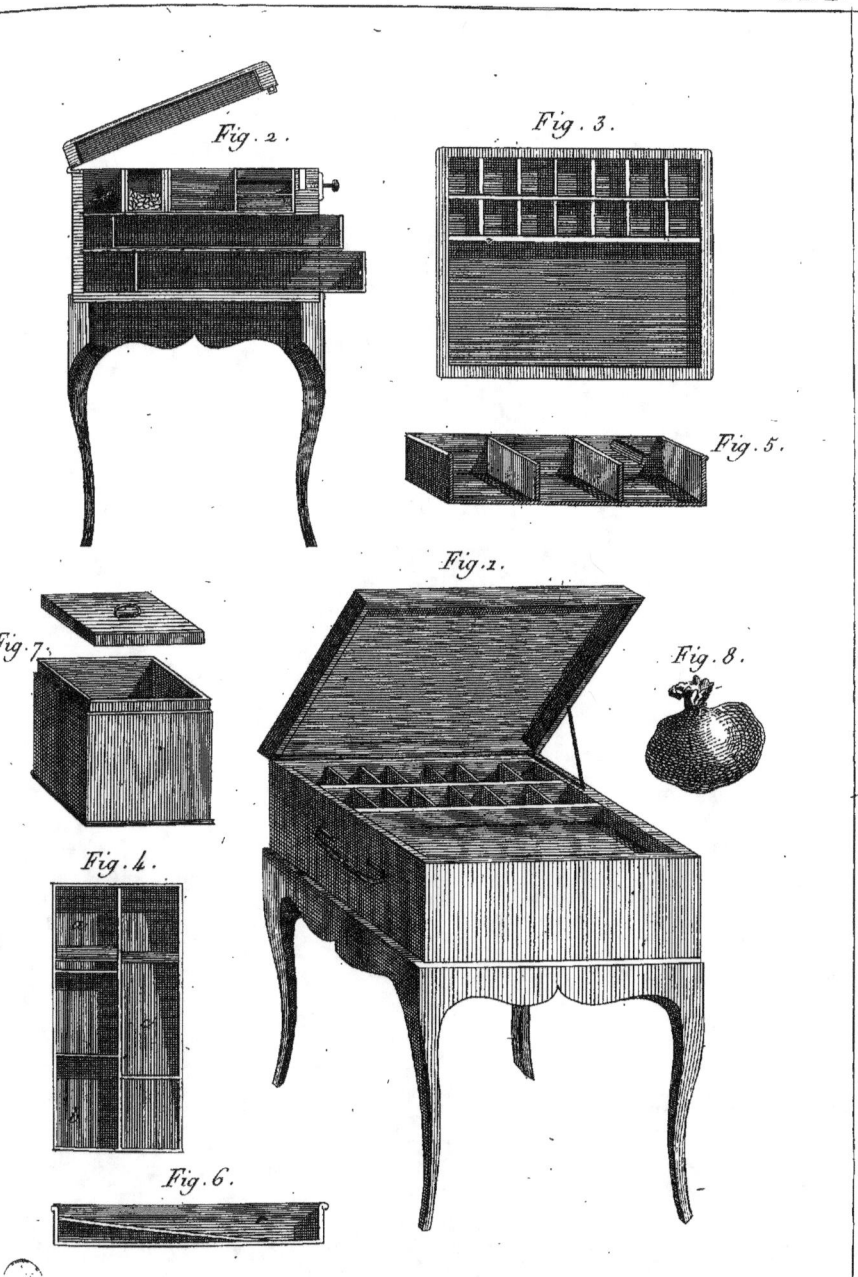

Pl. 2.

Peinture à l'Huile, boêtes à couleurs.

Deseve Direxit

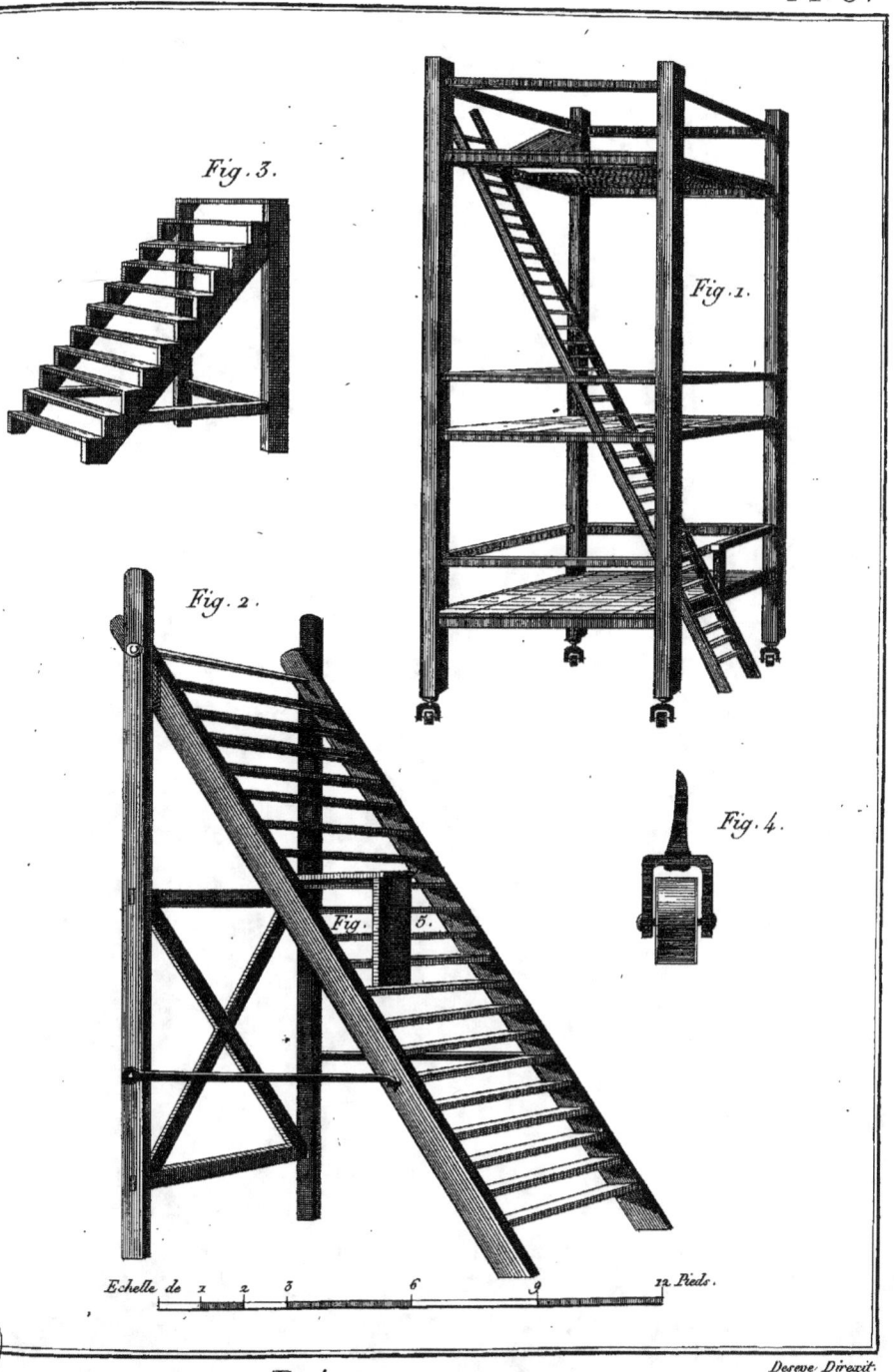

Peinture à l'Huile.

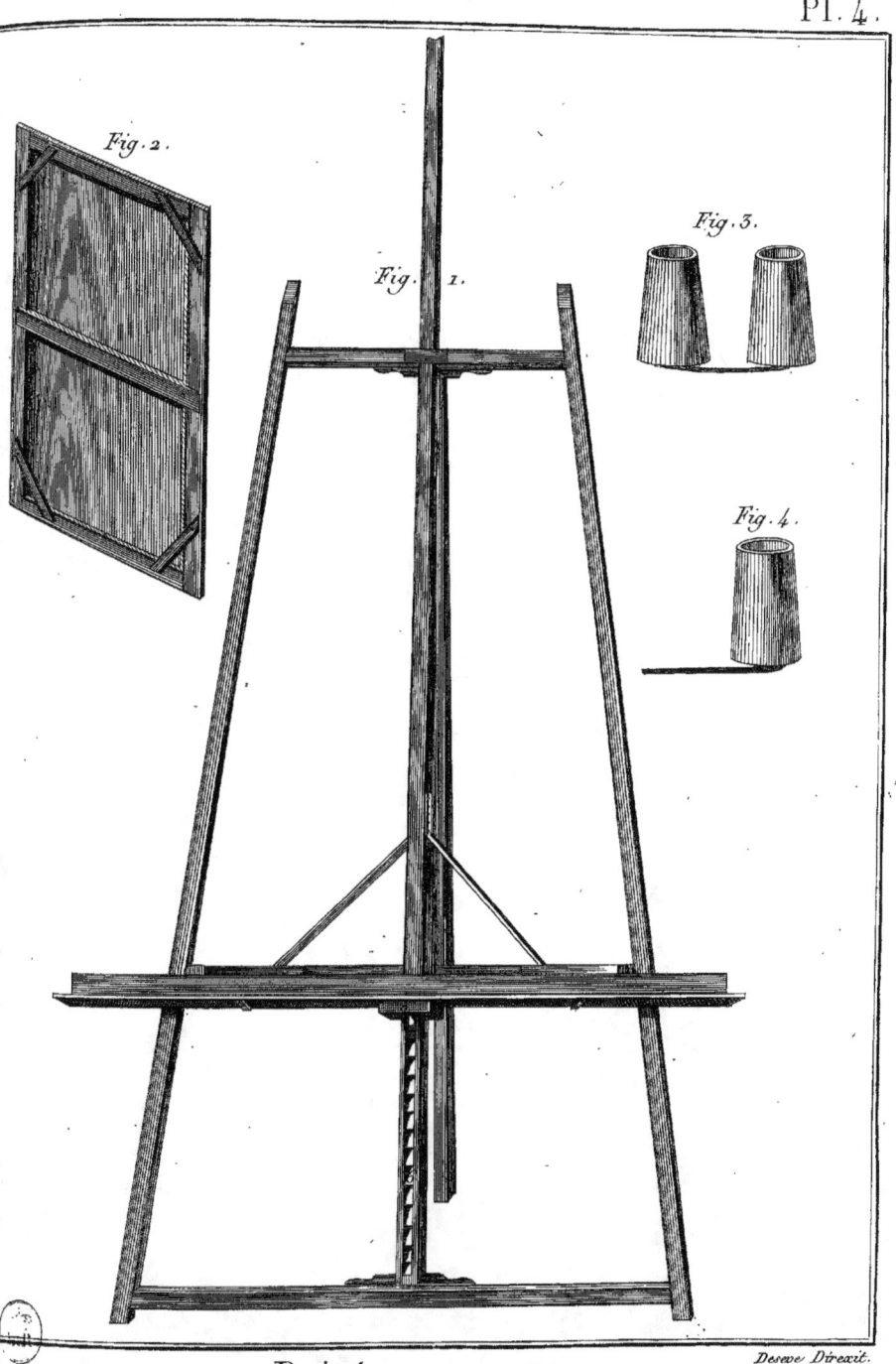

Pl. 4.

Peinture à *l'Huile*.

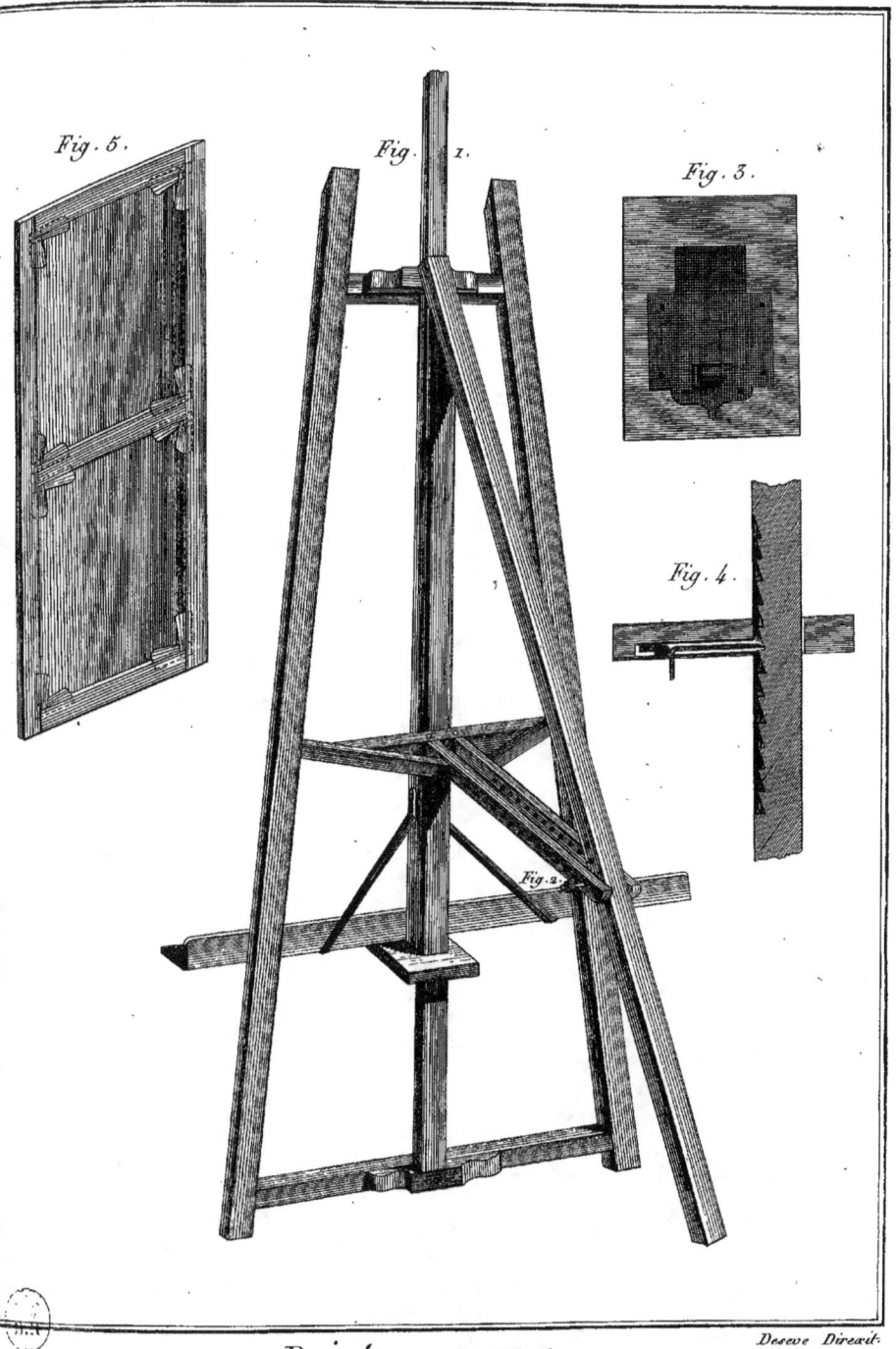

Peinture à l'Huile.

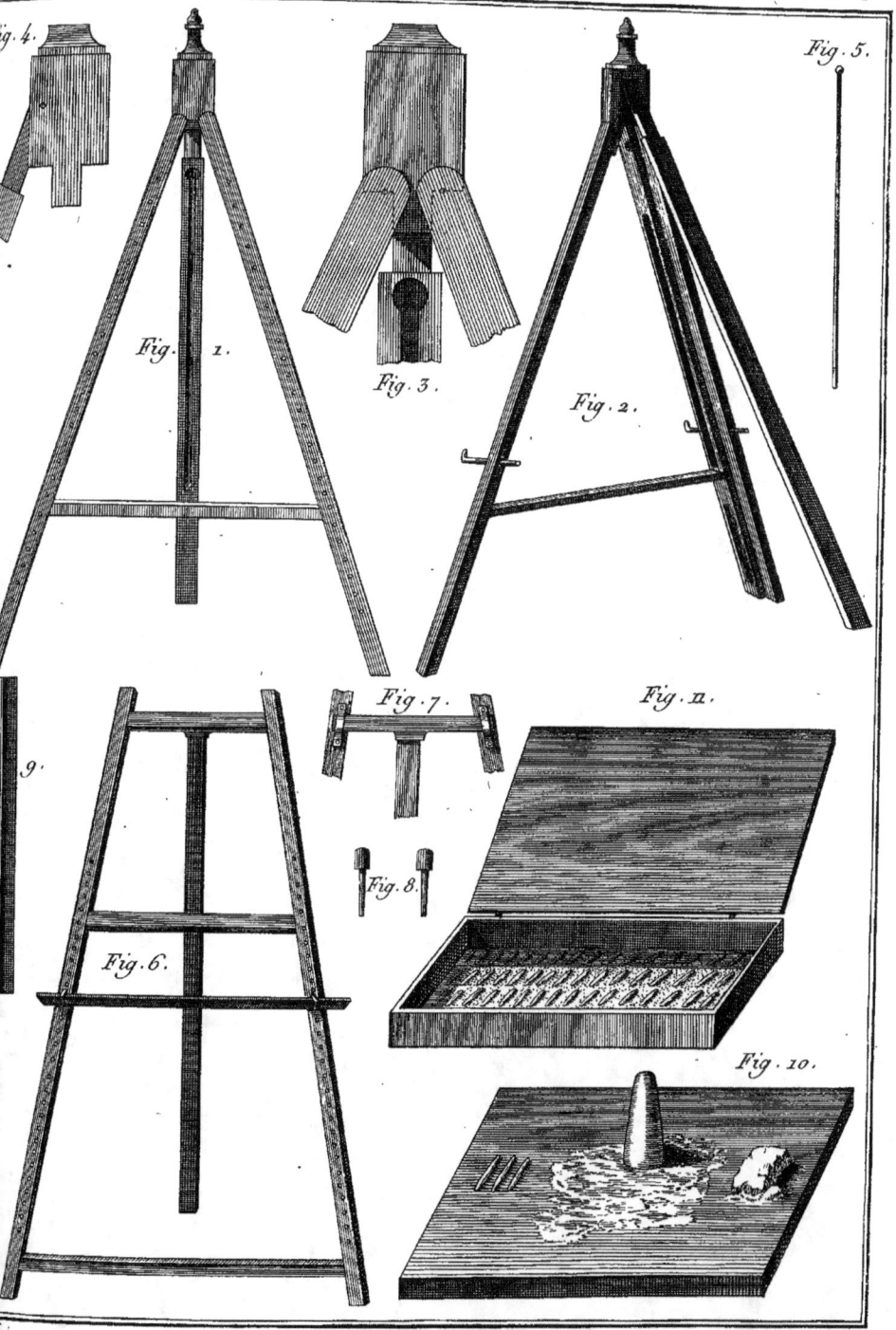

Peinture à l'Huile.

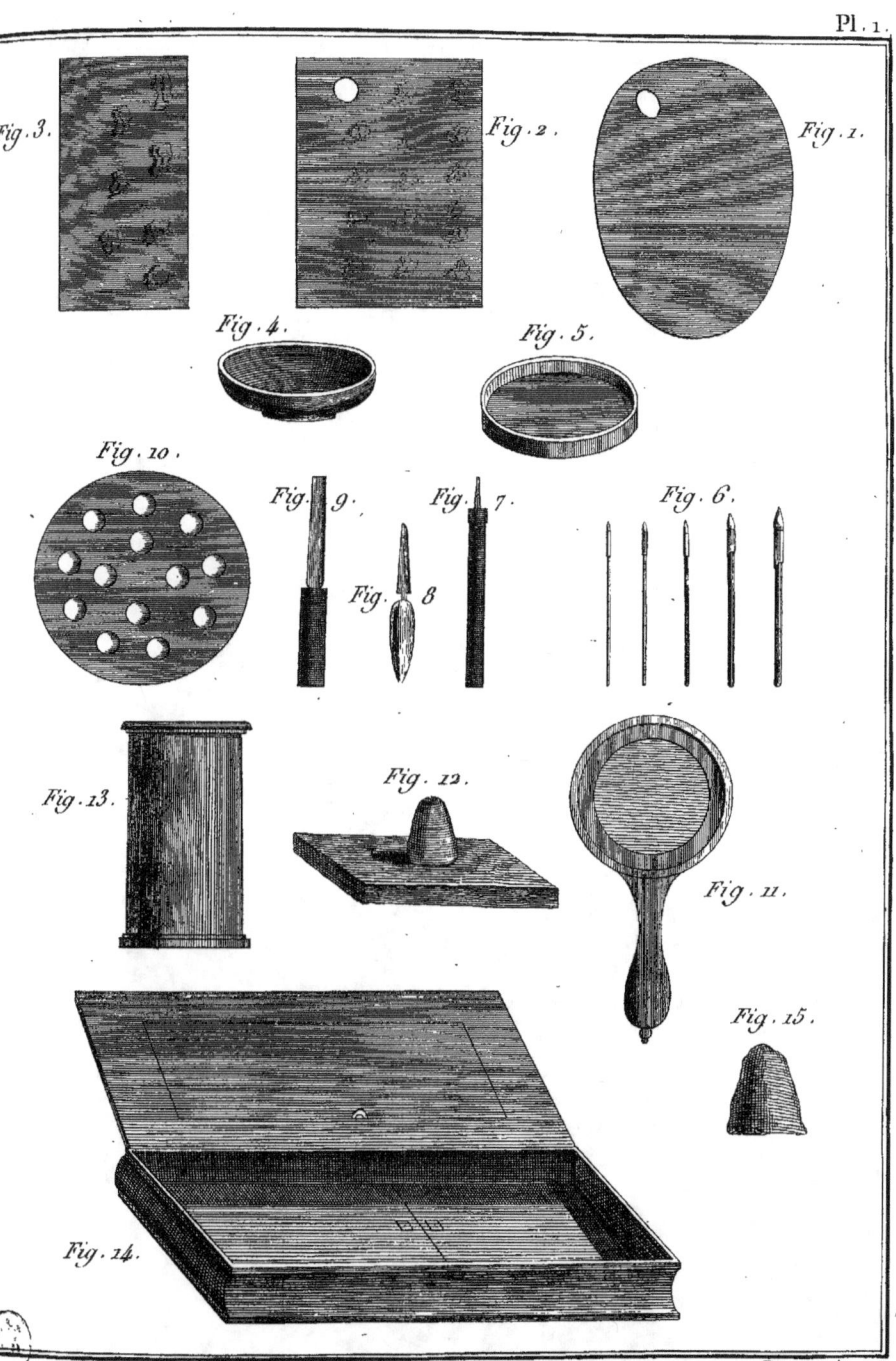

Peinture. Ustenciles à l'usage du Peintre en Miniature.

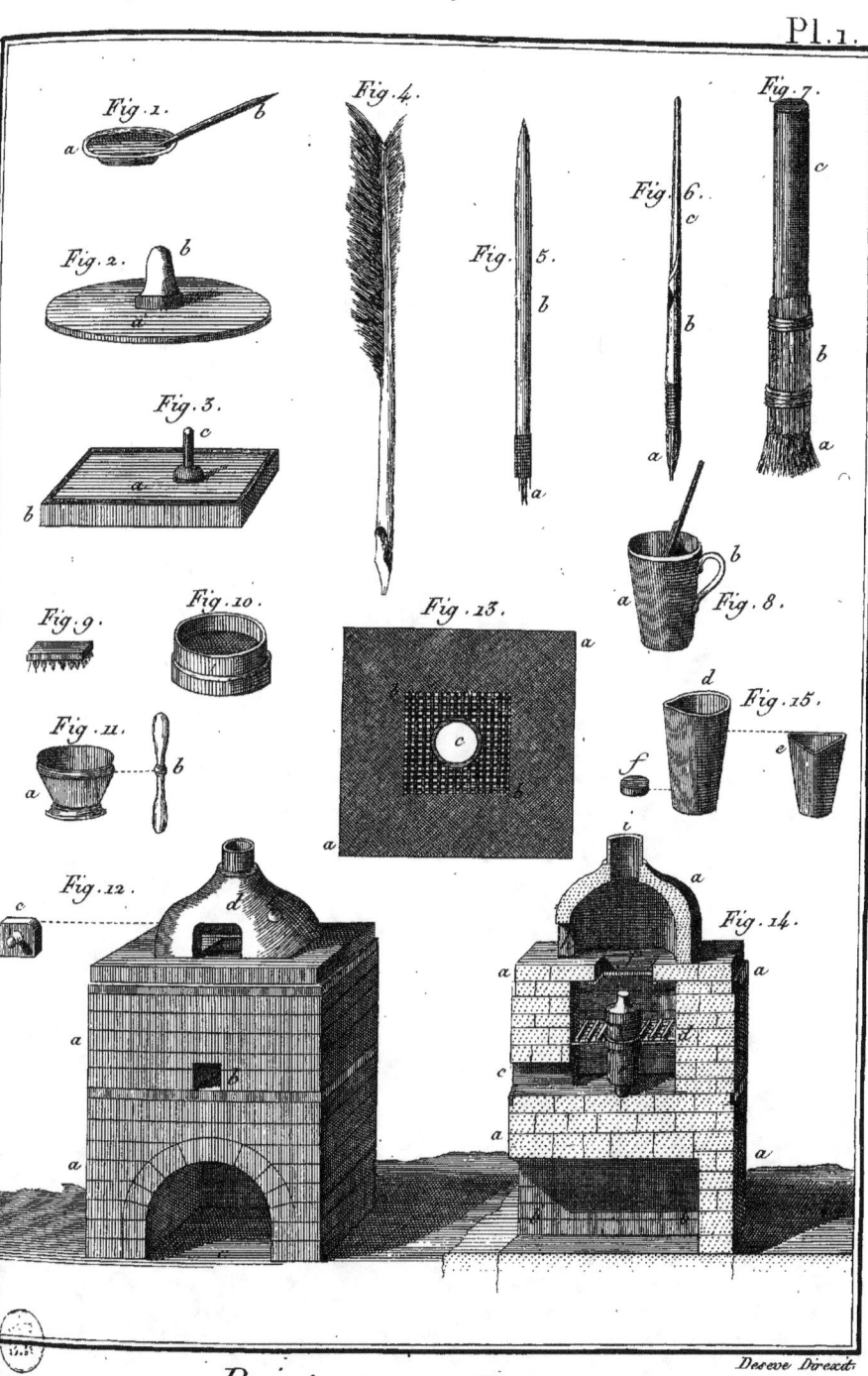

Peinture, sur Verre.

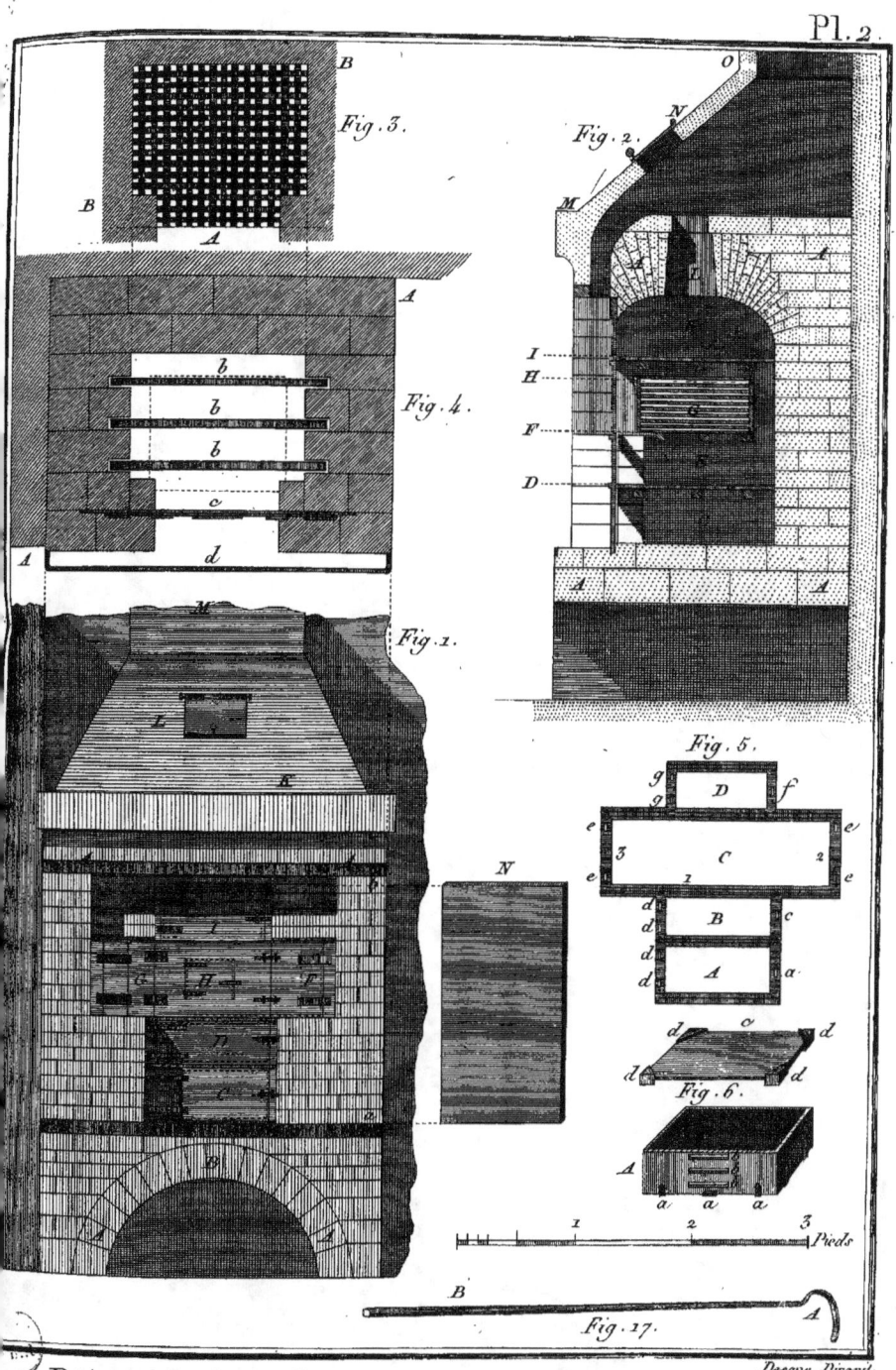

Peinture sur Verre, Fourneau de la famille le Vieil.

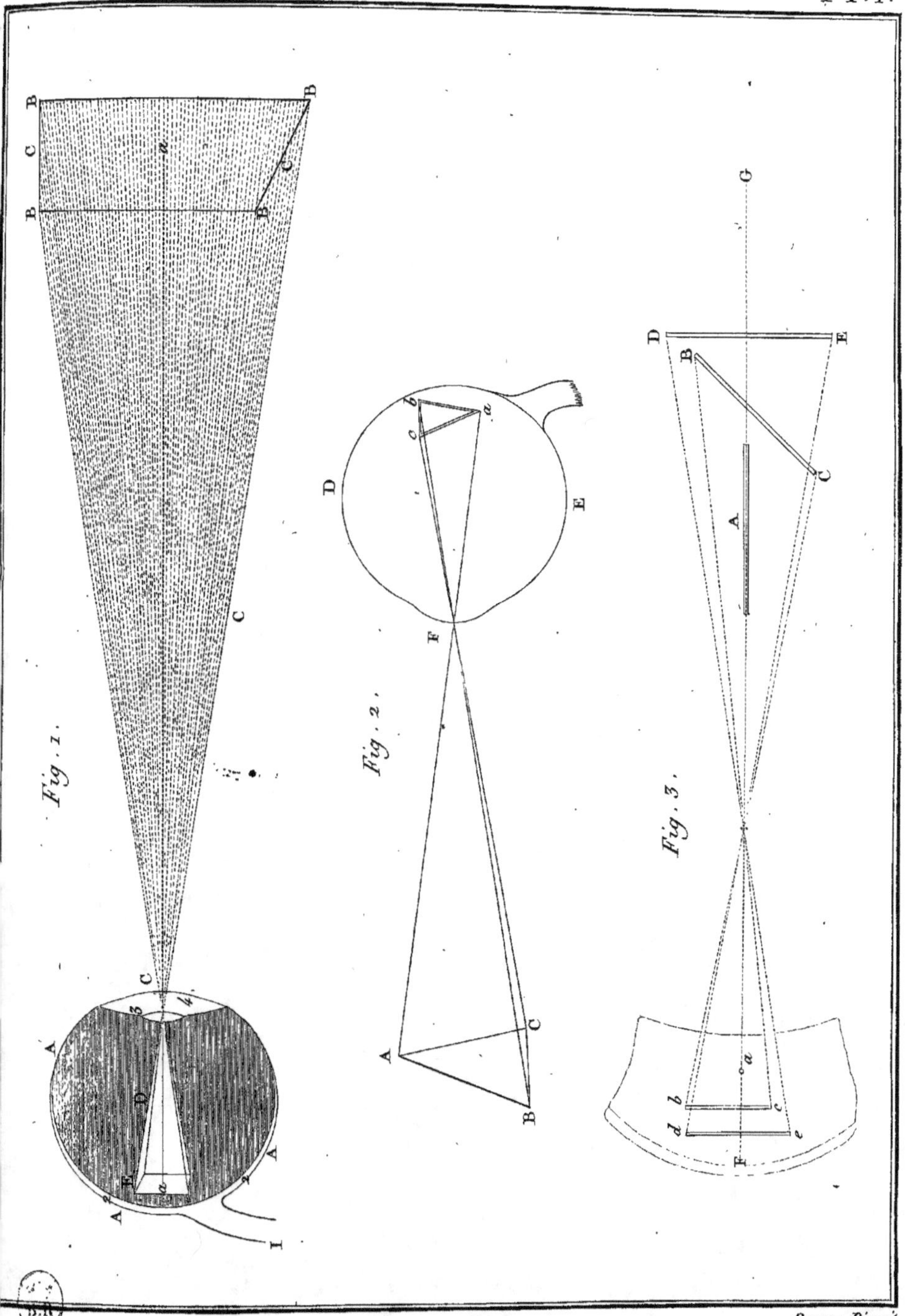

Fig. 1.

Fig. 2.

Fig. 3.

Perspective Pratique.

Deseve Direxit.

43

Pl. 2.

Fig. 1.

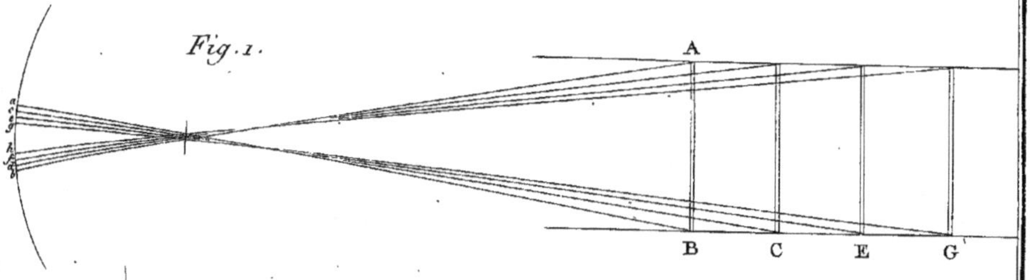

Fig. 2.

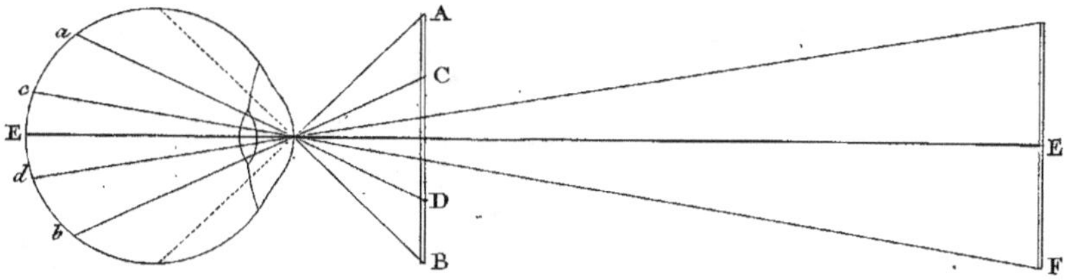

Fig. 3.

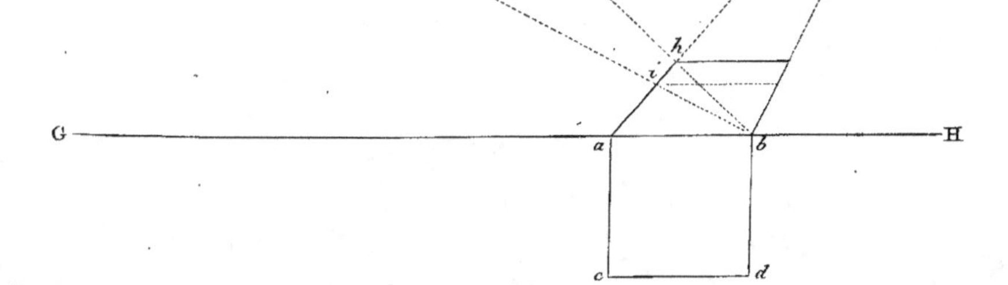

Perspective Pratique.

Desève Direxit.

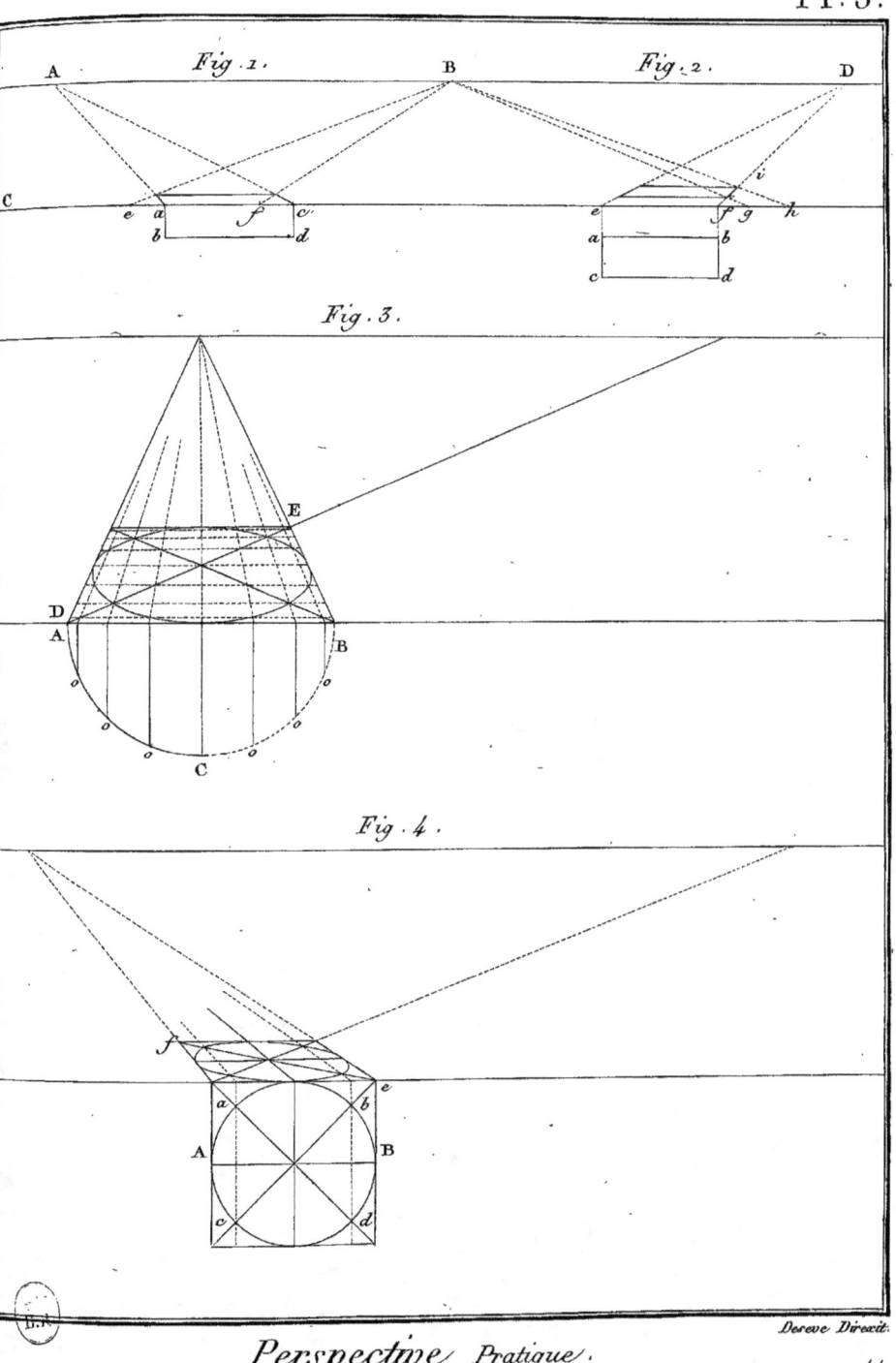

Perspective Pratique.

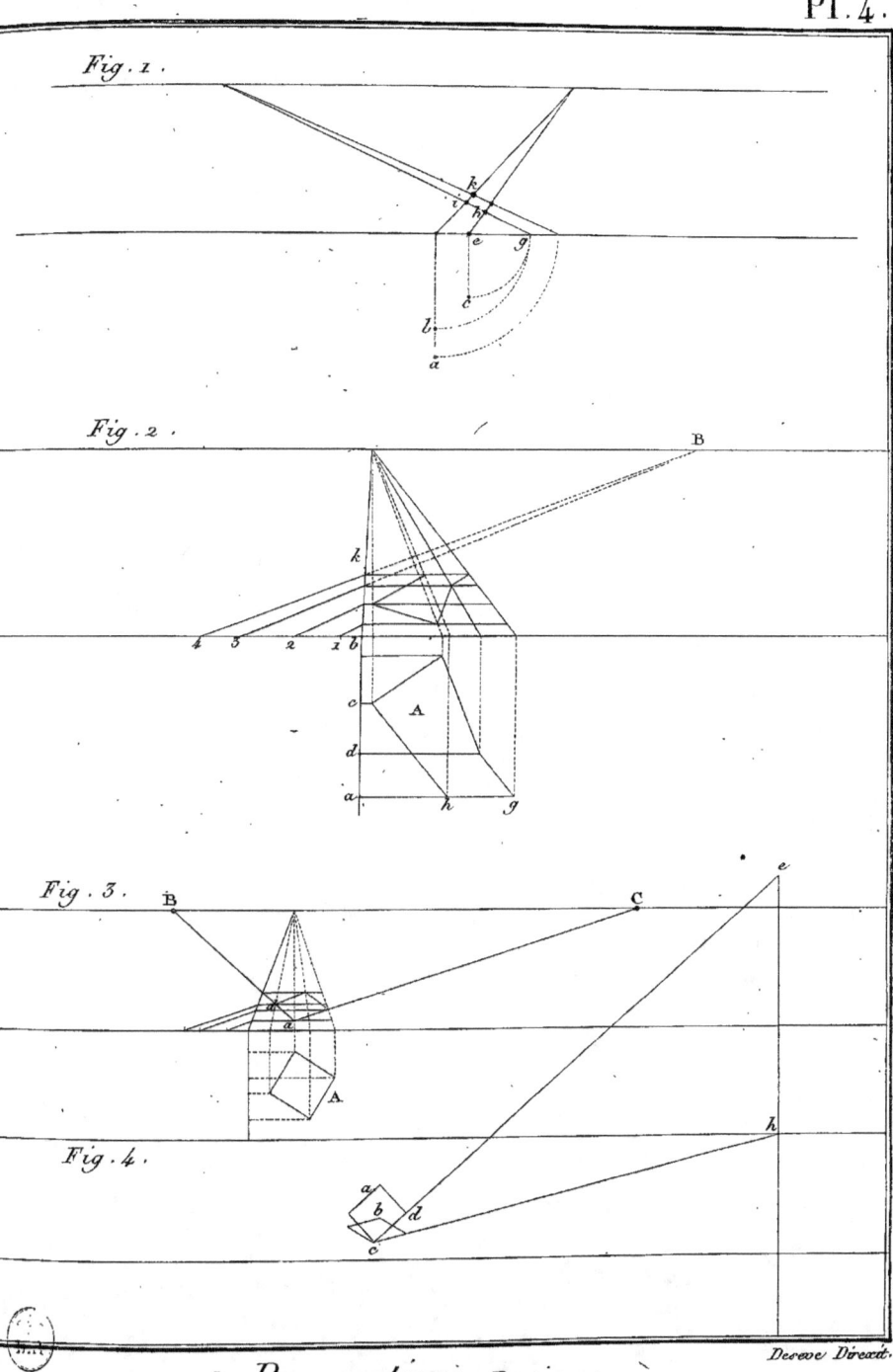

Perspective Pratique.

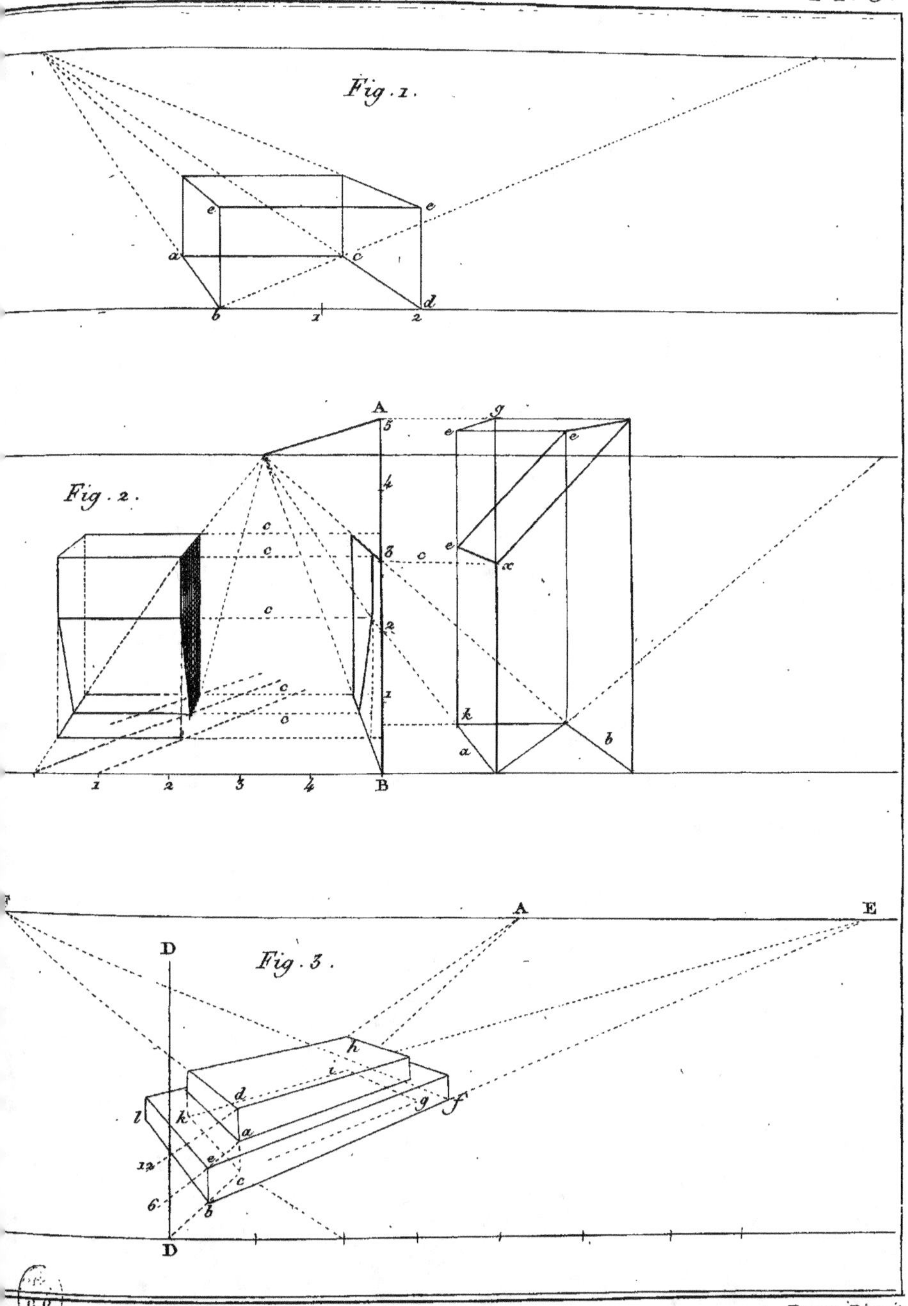

Pl. 5.

Fig. 1.

Fig. 2.

Fig. 3.

Perspective pratique.

Deseve Direxit.

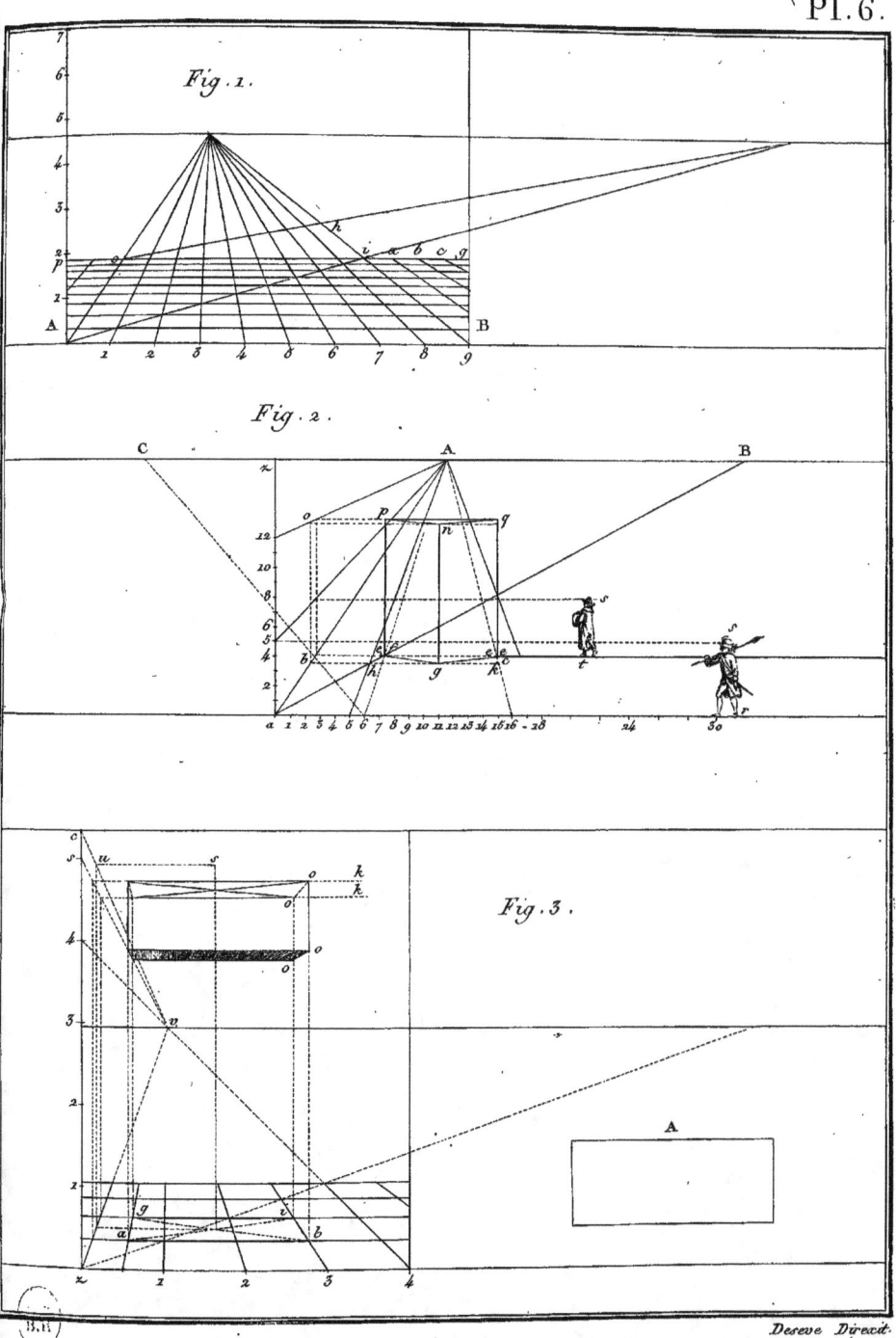

Pl. 6.

Perspective Pratique.

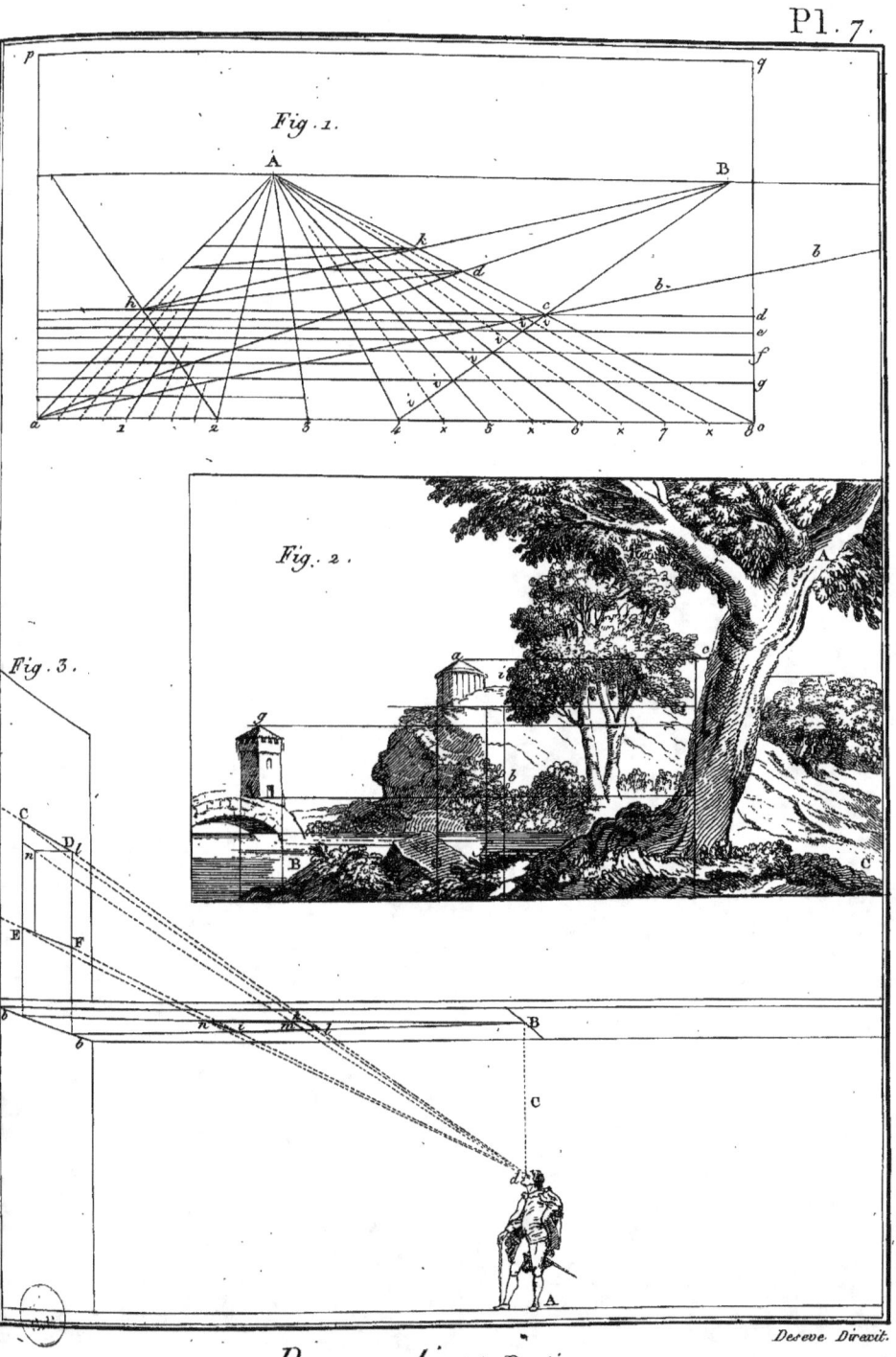

Perspective Pratique.

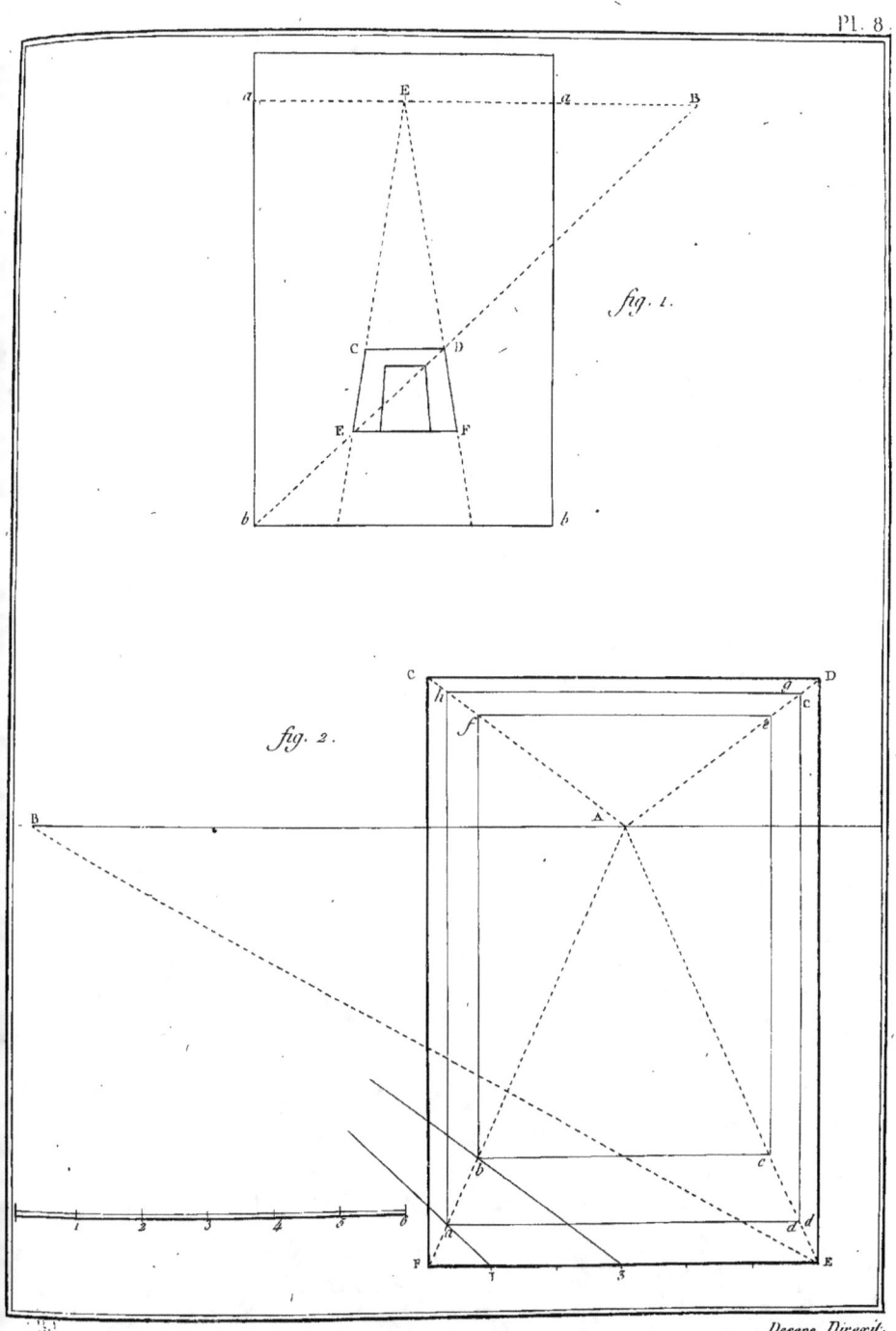

Perspective pratique.

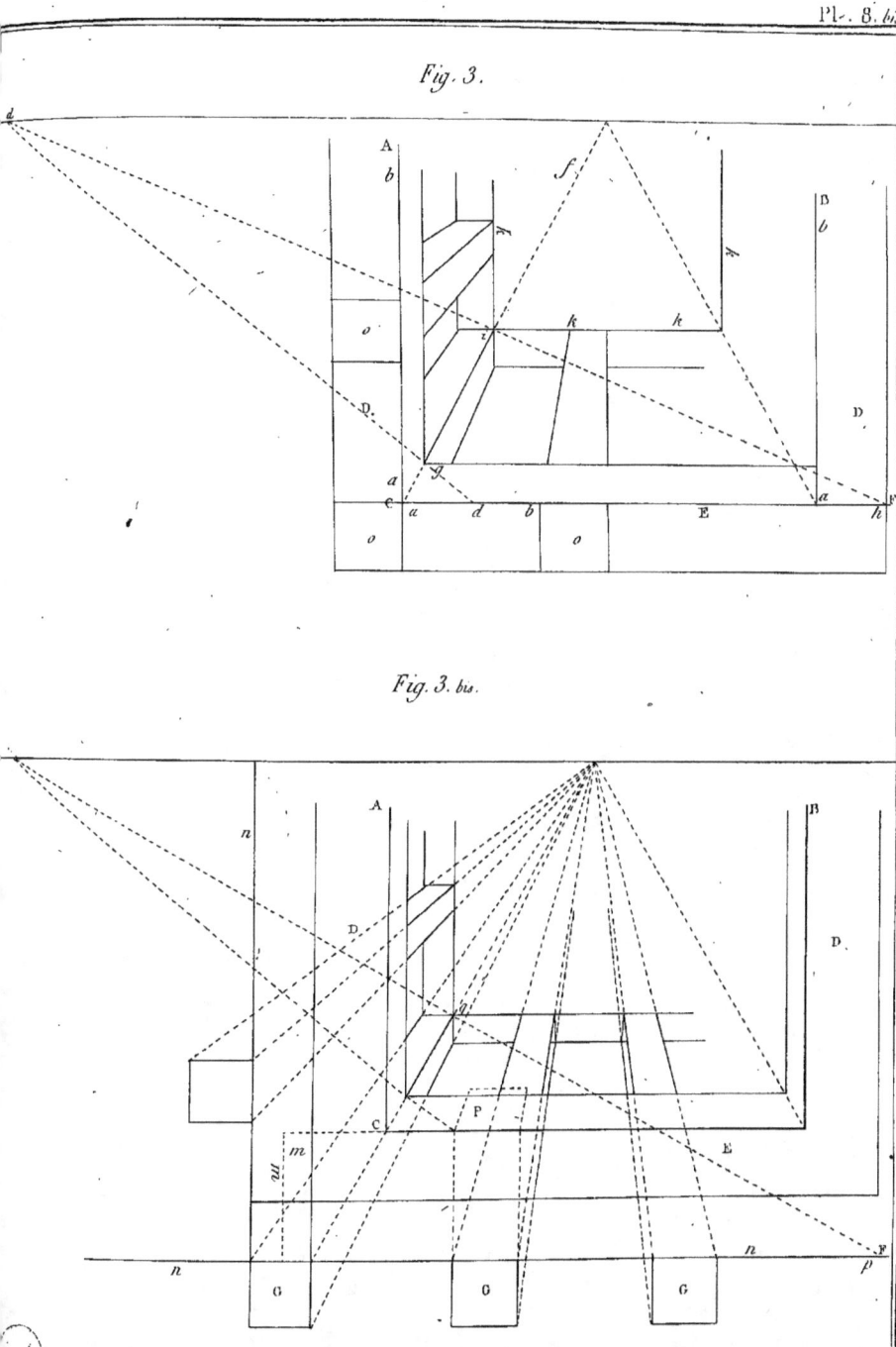

Perspective pratique.

Fig. 1.

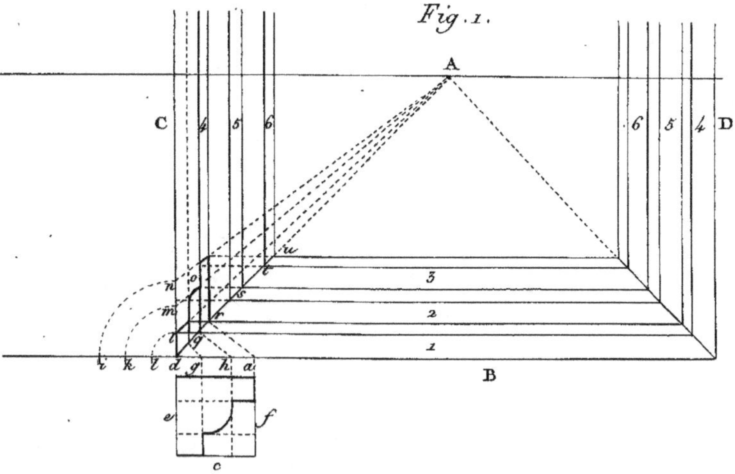

Fig. 2.

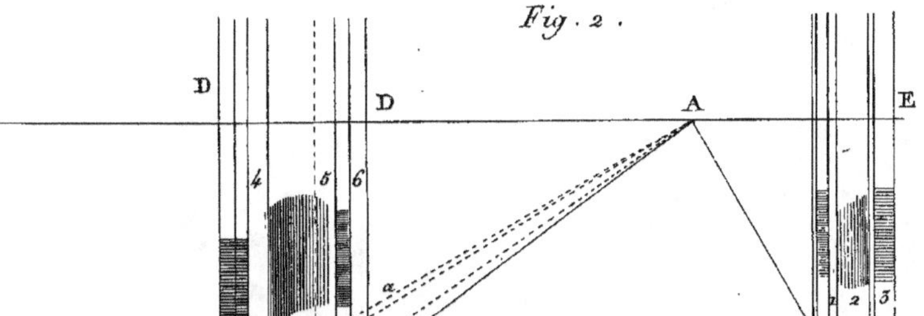

Perspective pratique.

Deseve Direxit.

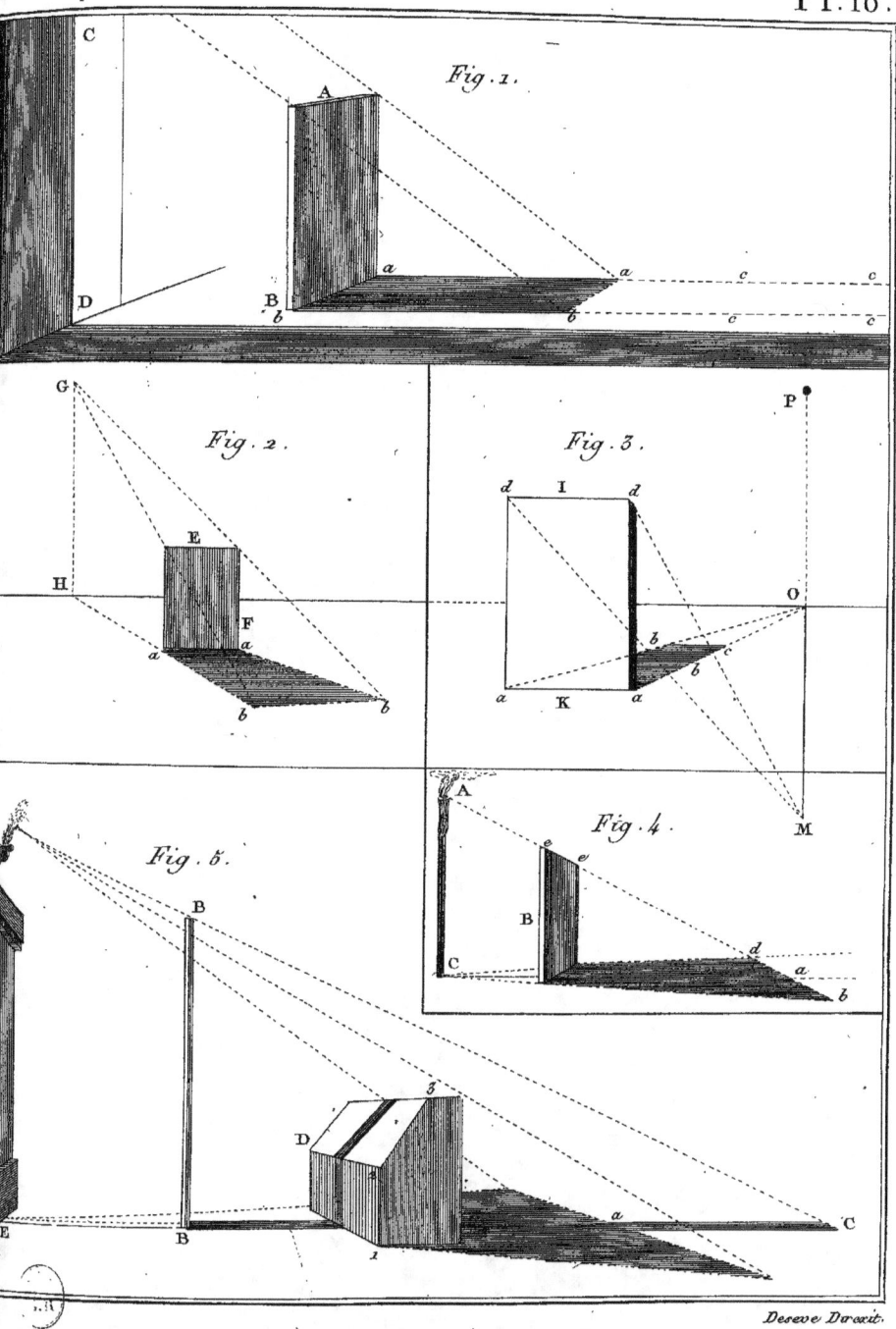

Perspective pratique.

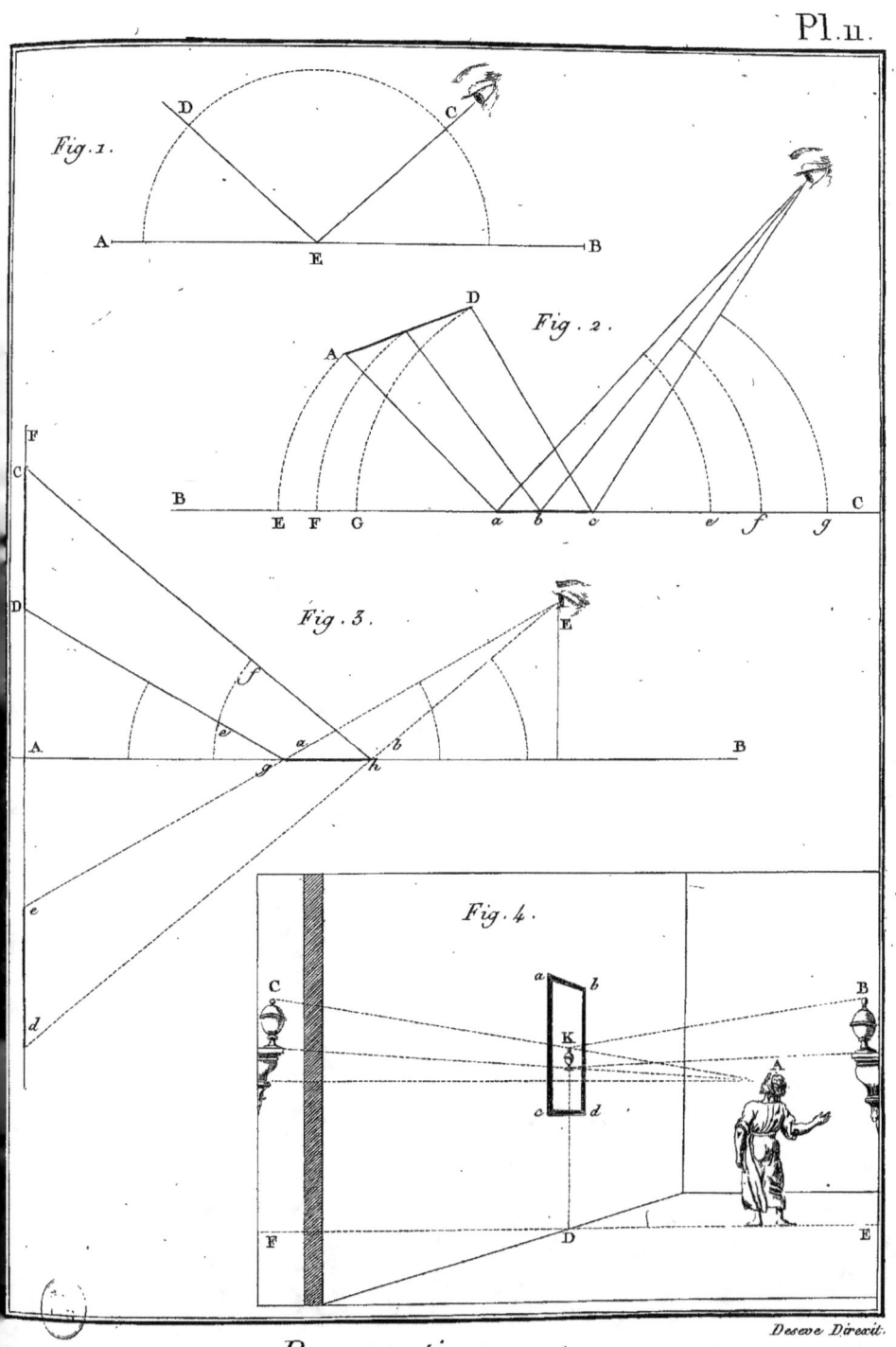

Pl. II.

Perspective pratique.

Deseve Direxit.

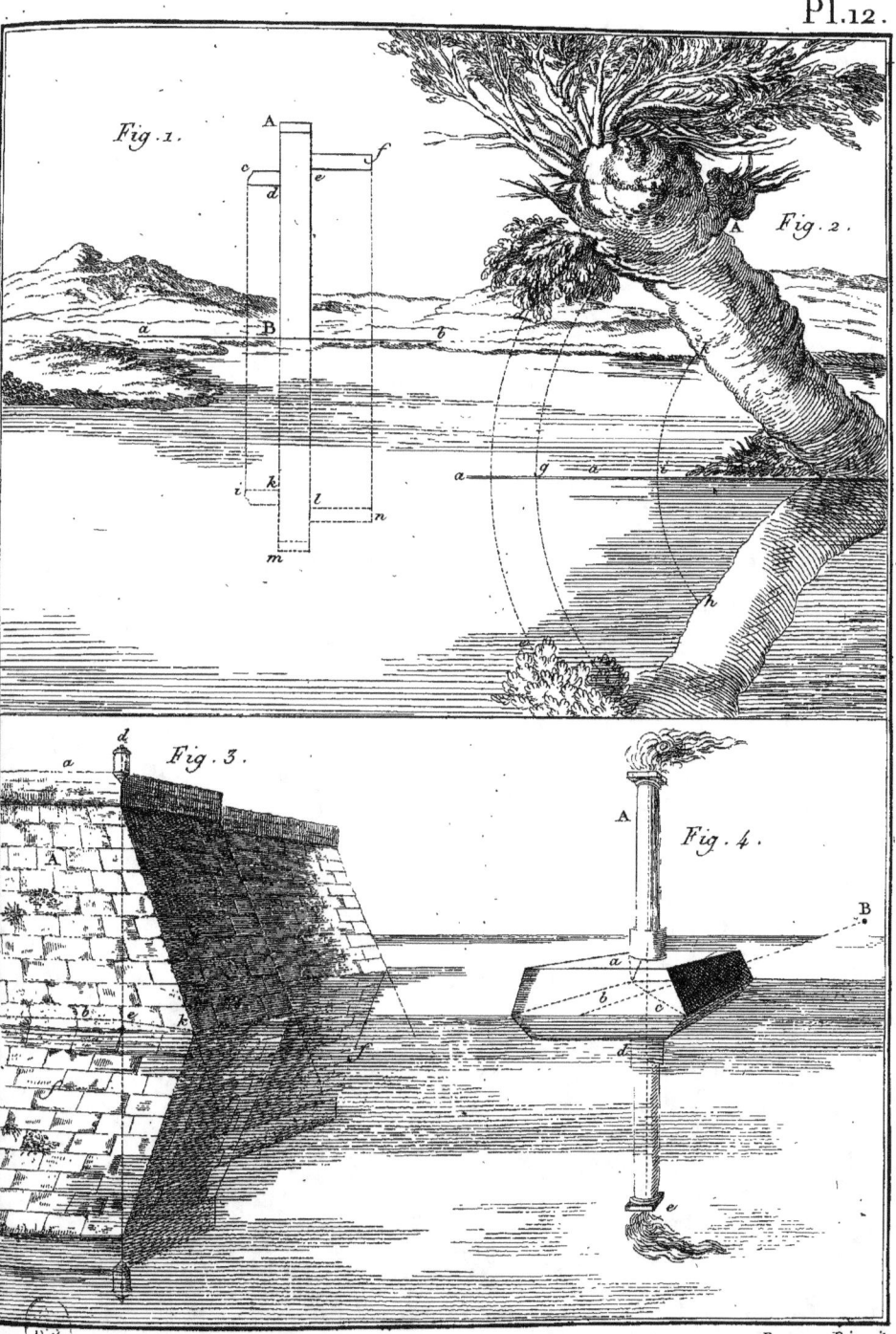

Perspective pratique.

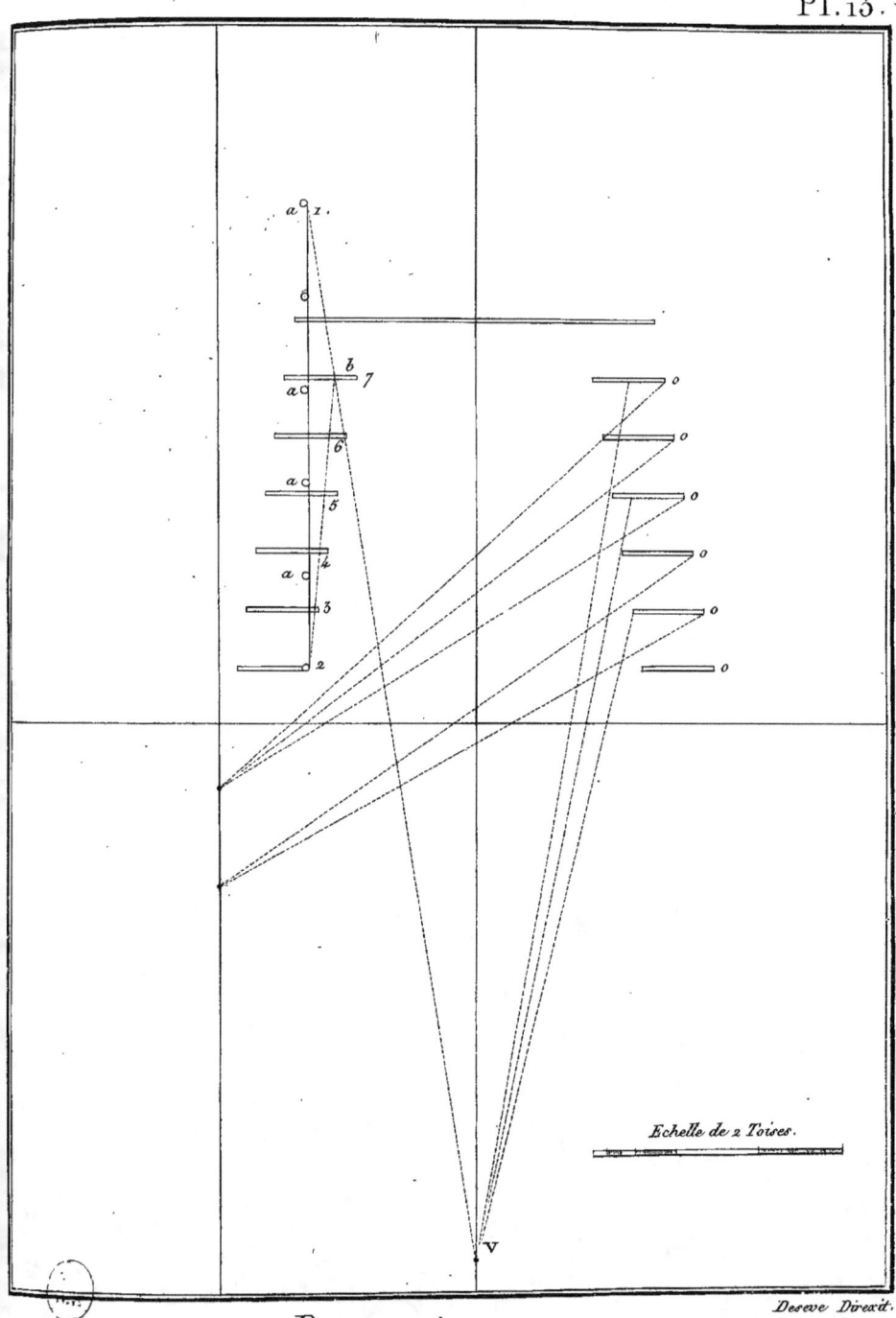

Perspective Pratique.

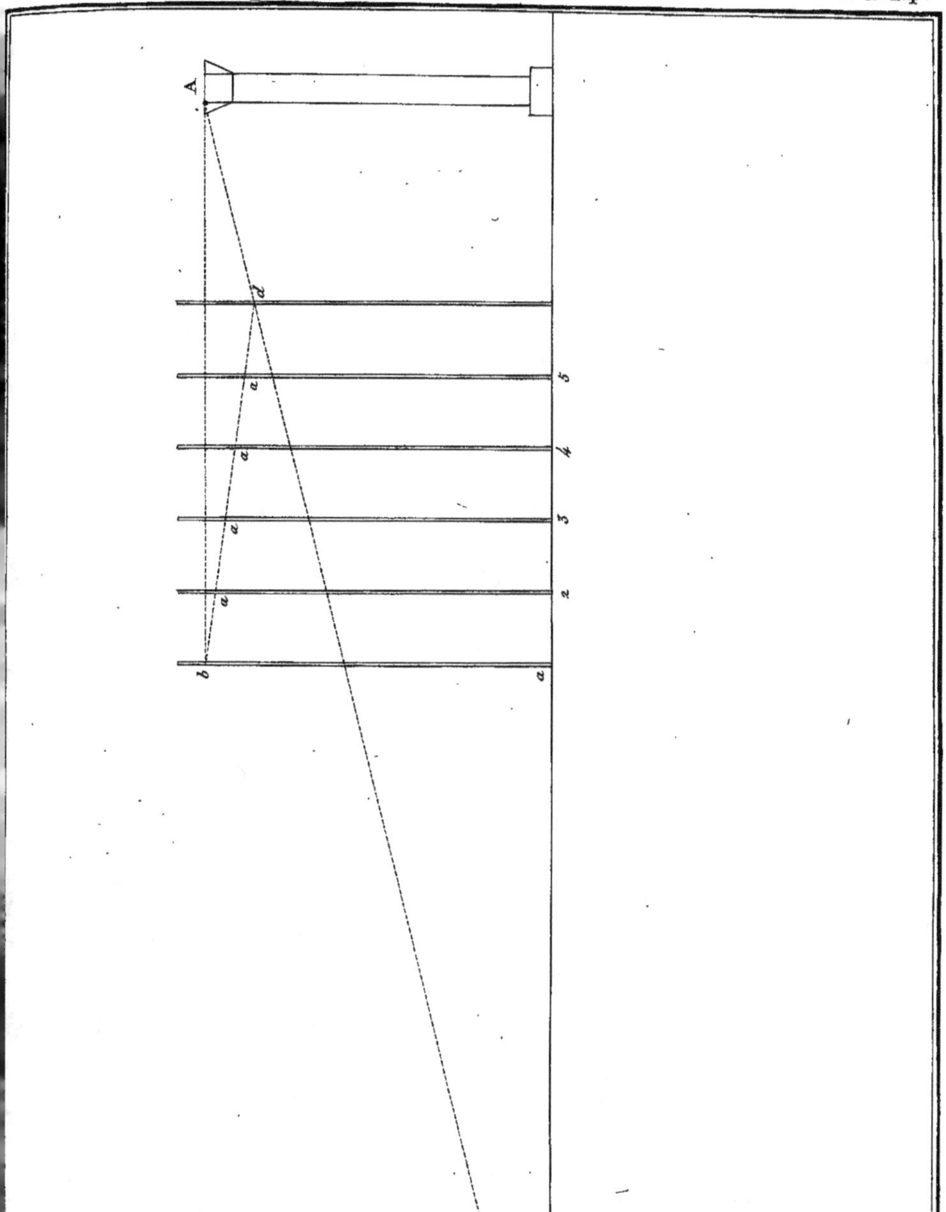

Pl. 14.

Perspective Pratique.

49

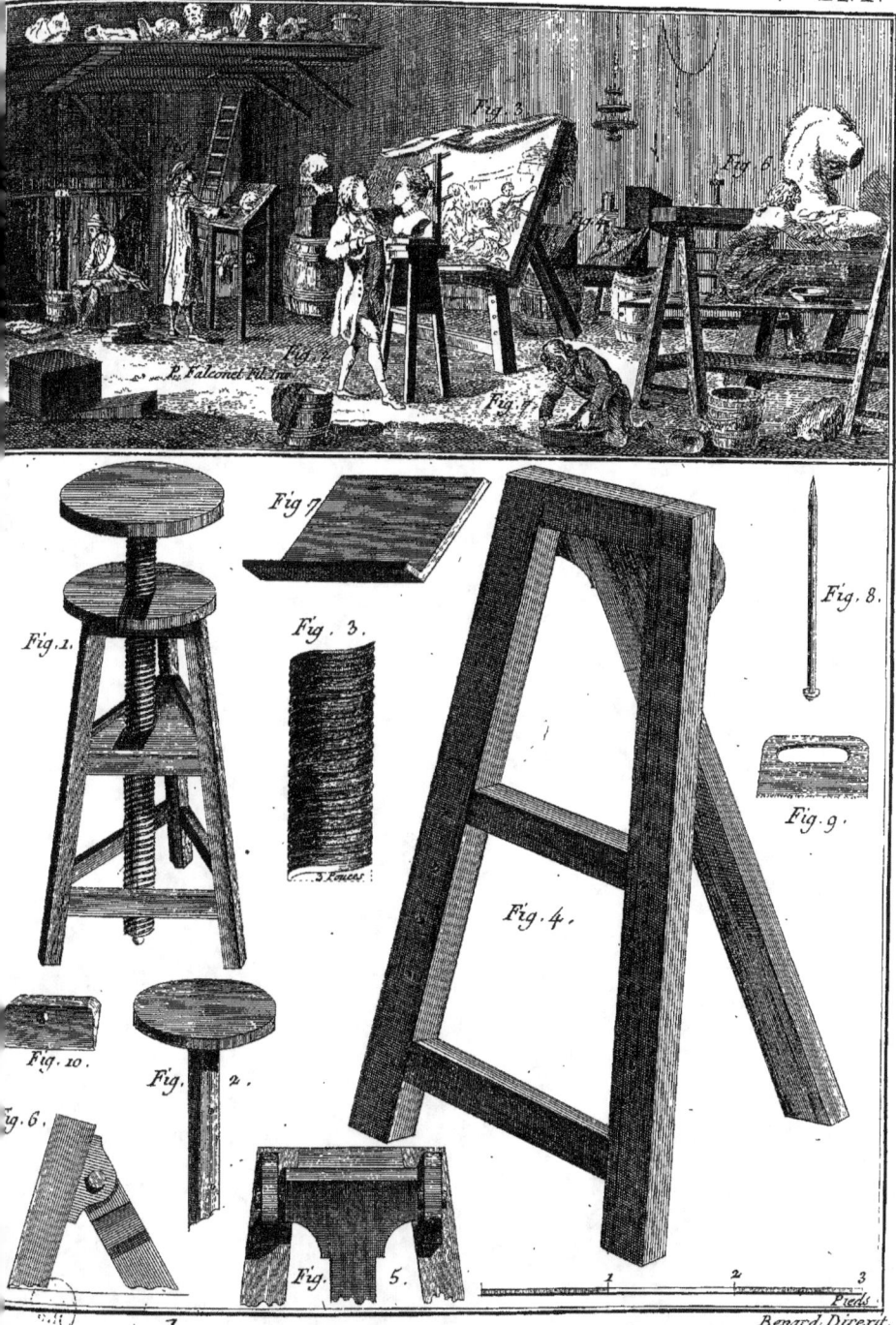

Sculpture en Terre et en Plâtre à la Main, Outils.

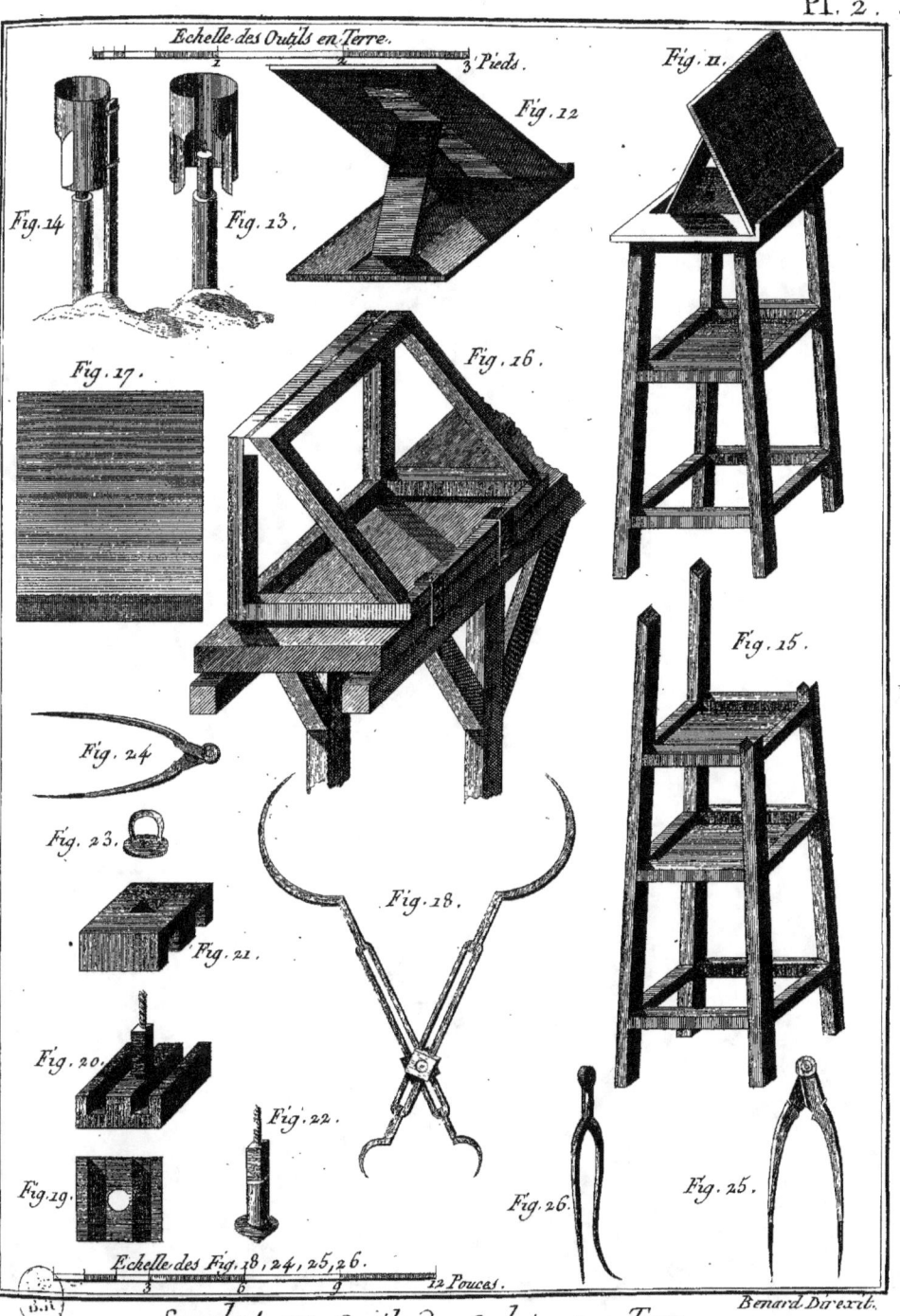

Sculpture, Outils des Sculpteurs en Terre.

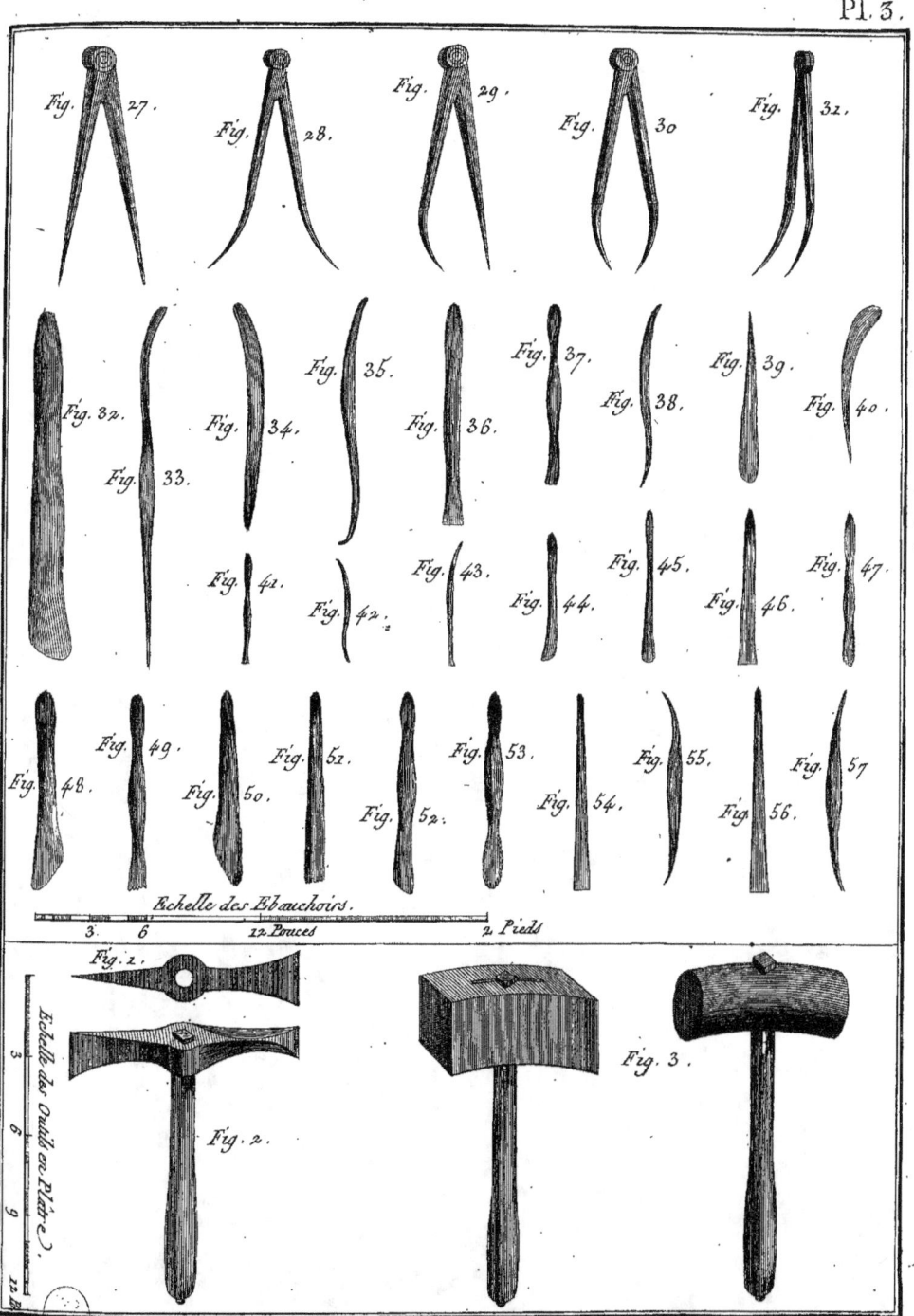

Sculpture, Outils des Sculpteurs en Terre, et Outils des Sculpt.rs en Plâtre.

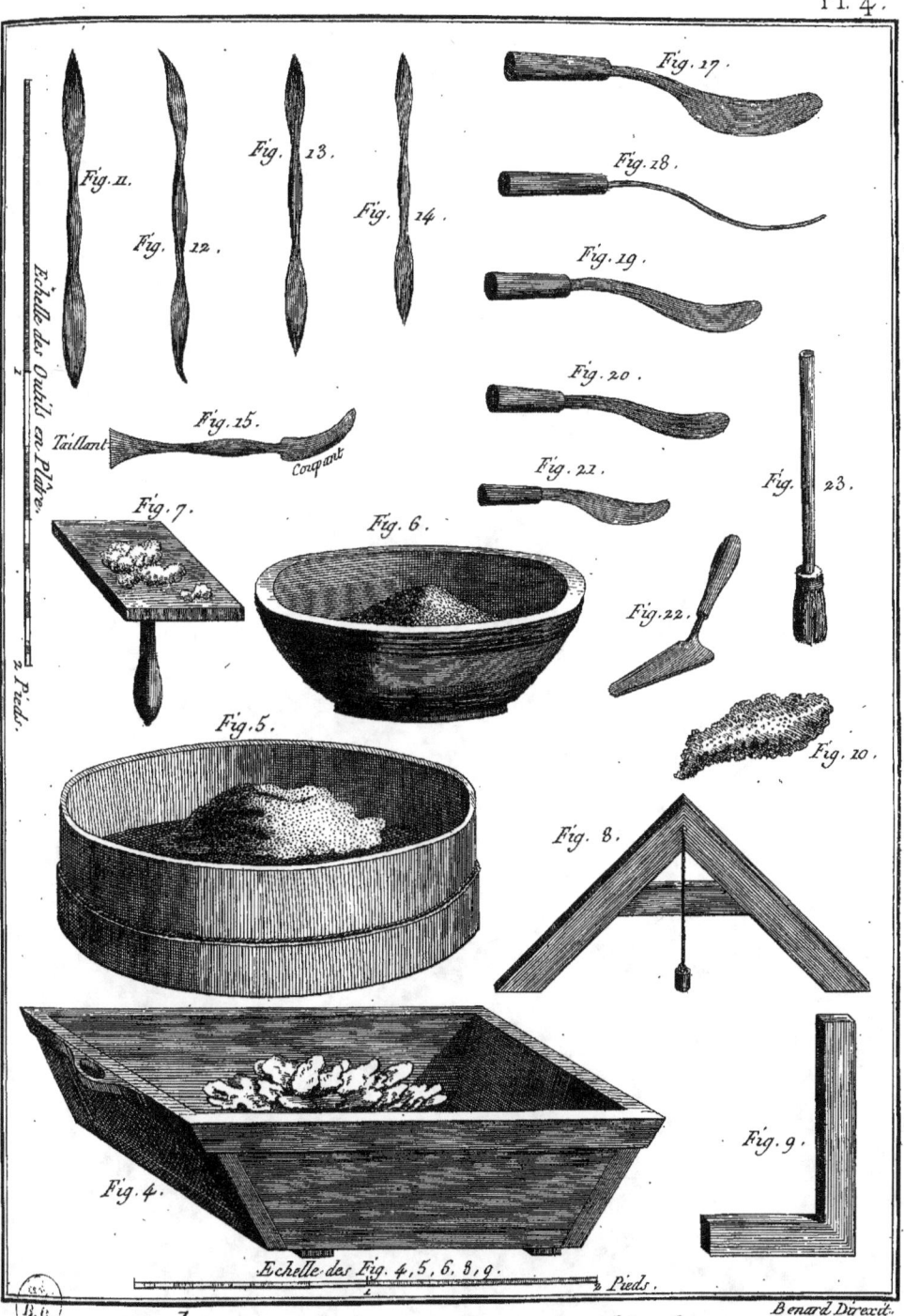

Sculpture, Outils des Sculpteurs en Plâtre.

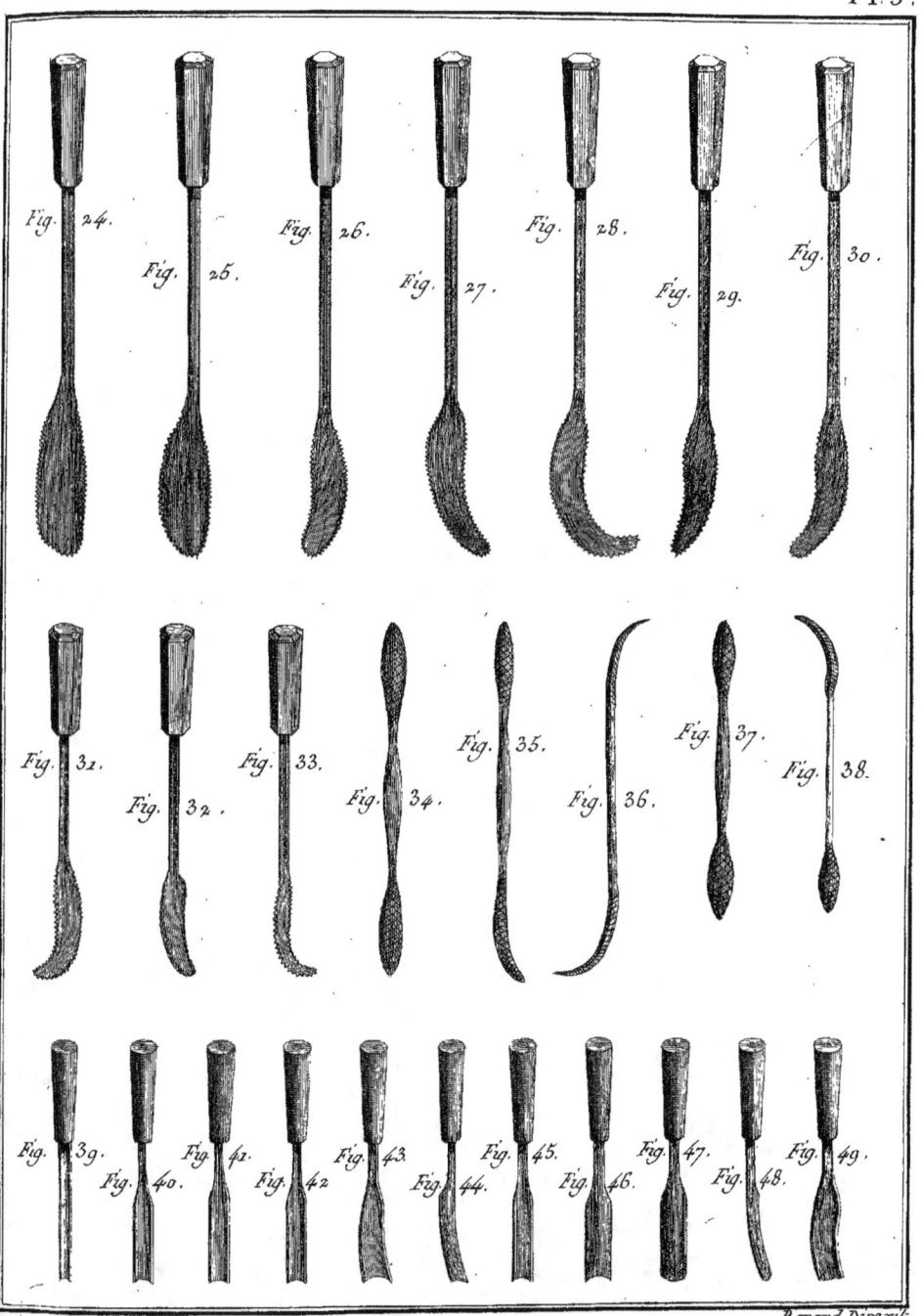

Sculpture, Suite des Outils des Sculpteurs en Plâtre.

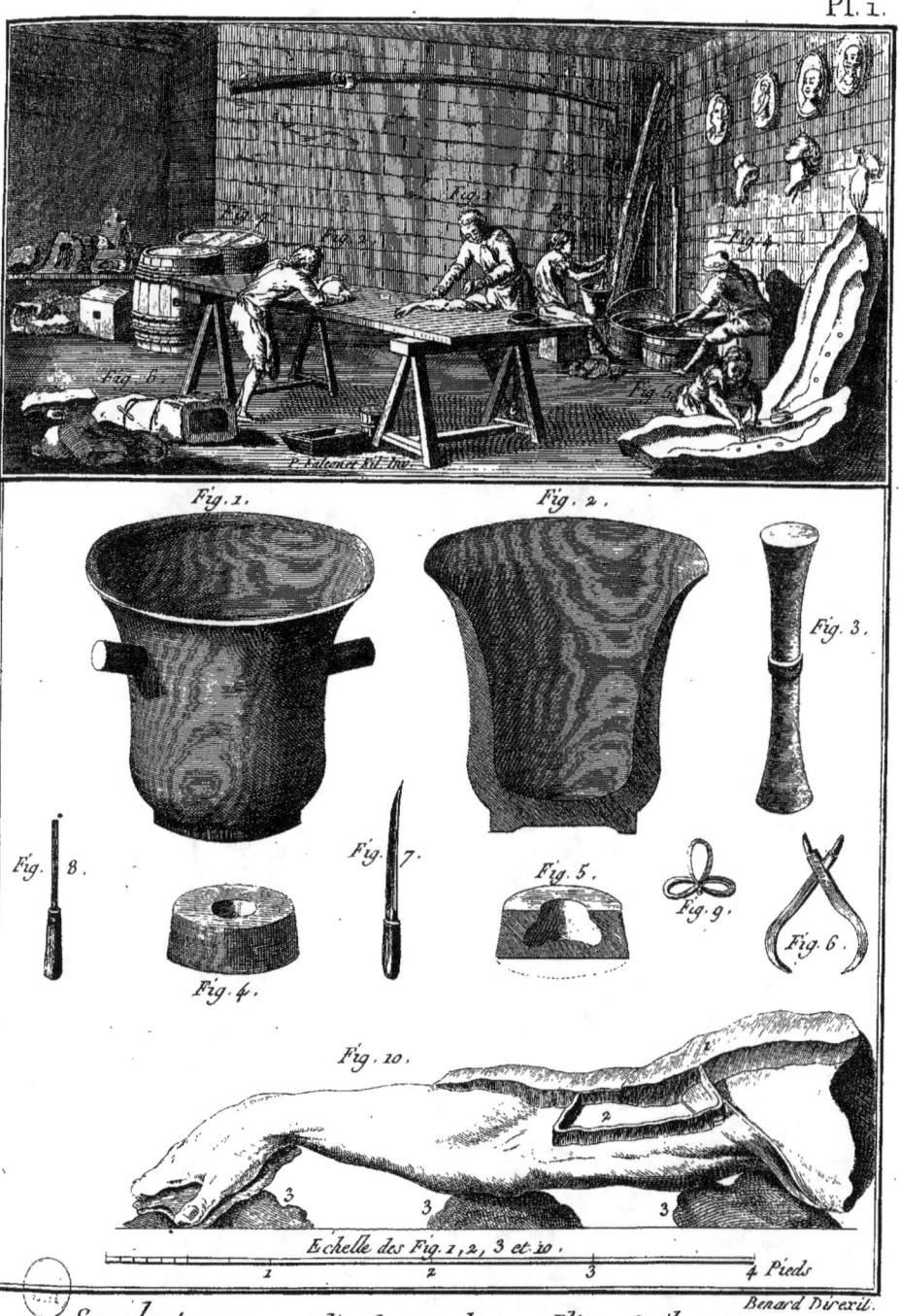

Sculpture, Attelier des Mouleurs en Plâtre, Outils et Ouvrages.

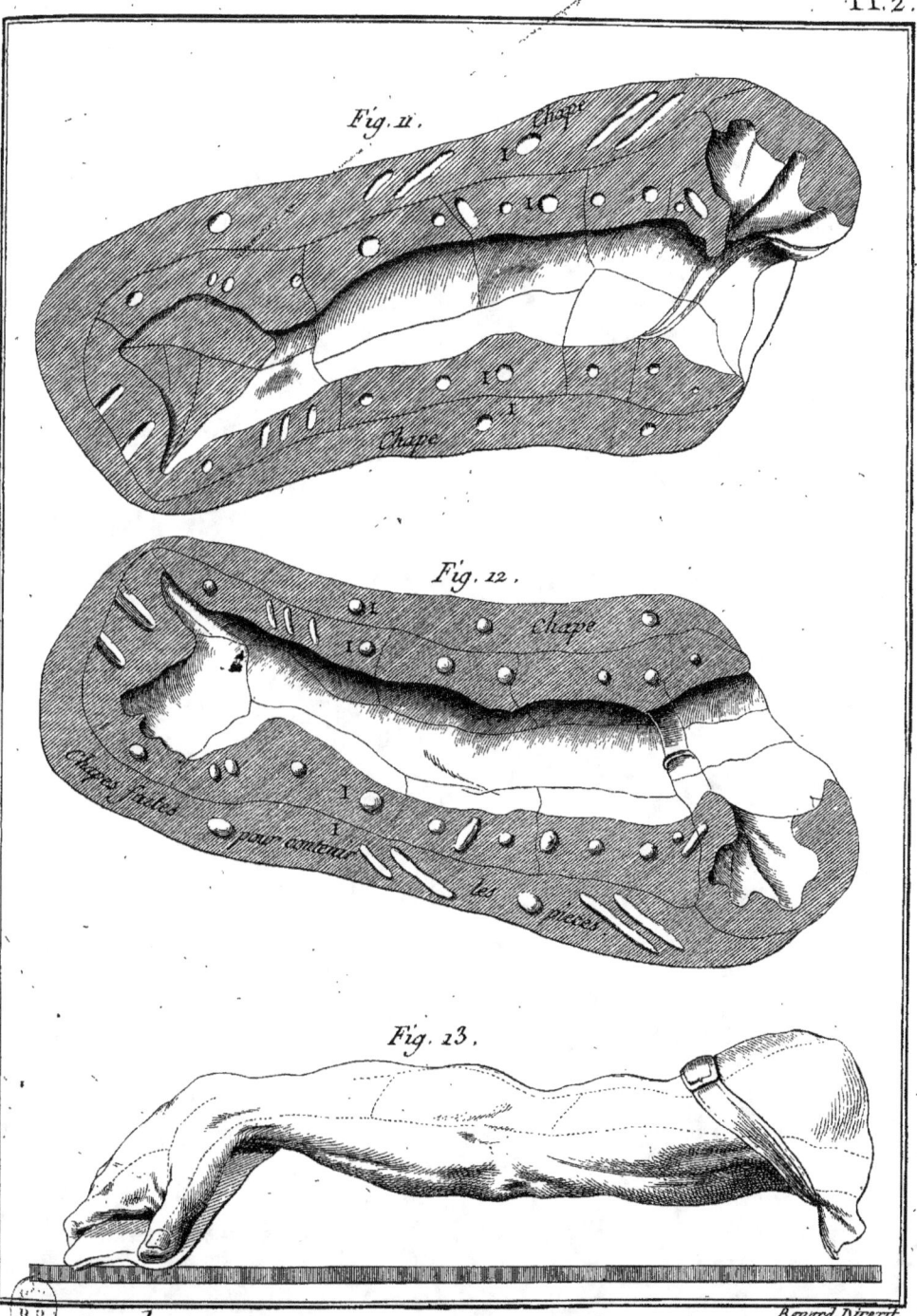

Sculpture, *Mouleurs en Plâtre, Moules et Ouvrages.*

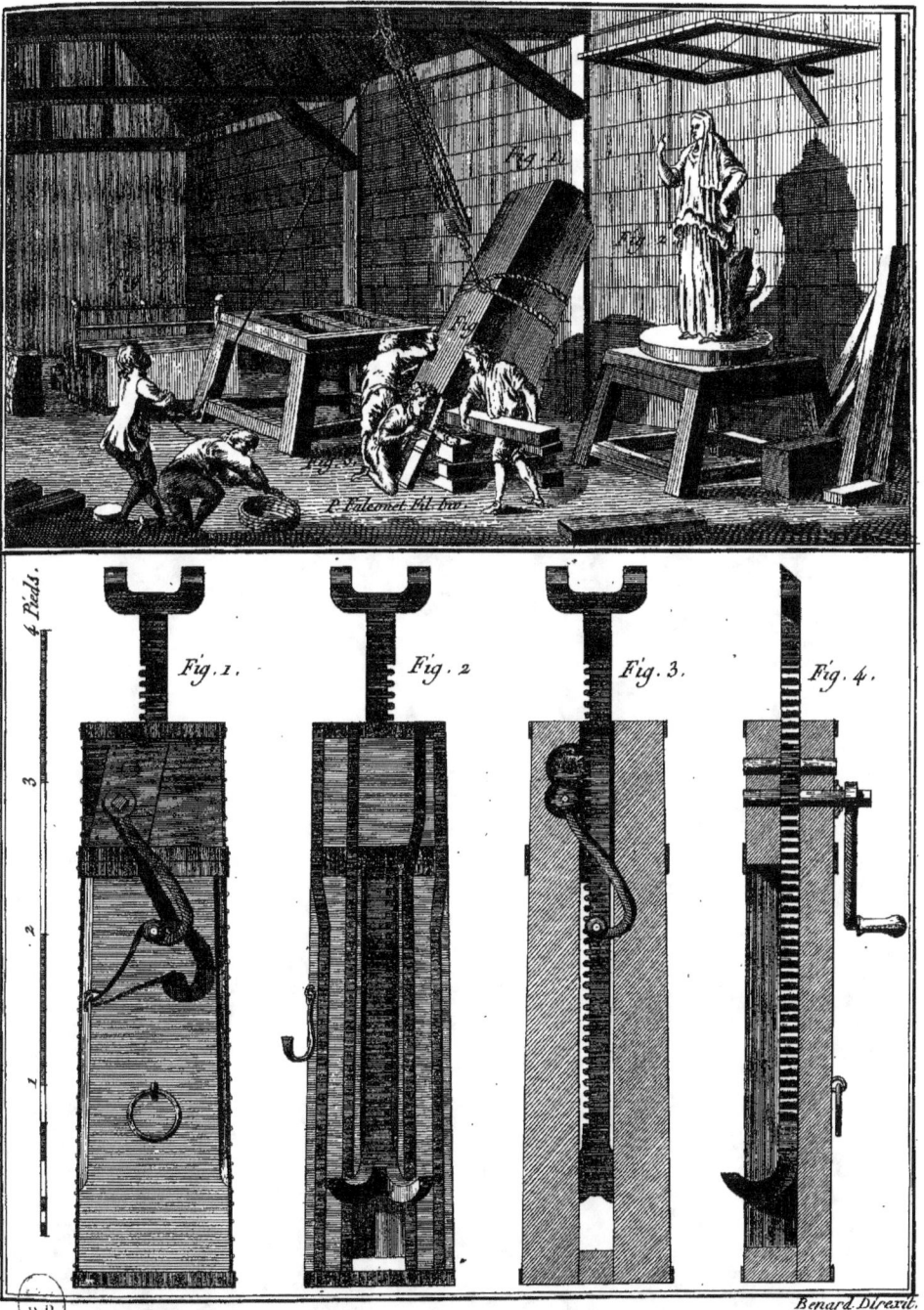

Sculpture, l'Opération d'elever un bloc de Marbre et Outils.

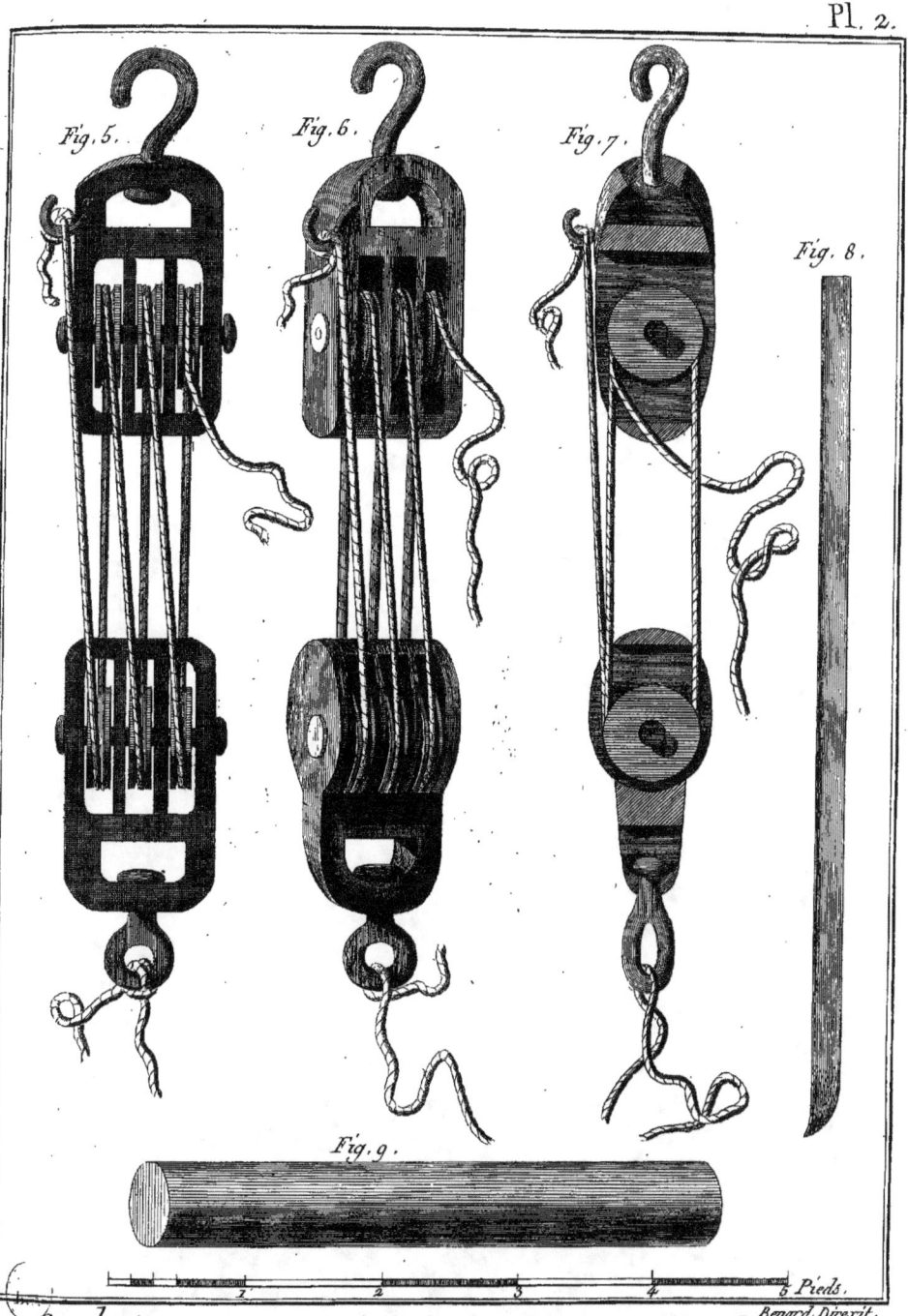

Sculpture, Moufles, Pince et Rouleau pour élever le Marbre.

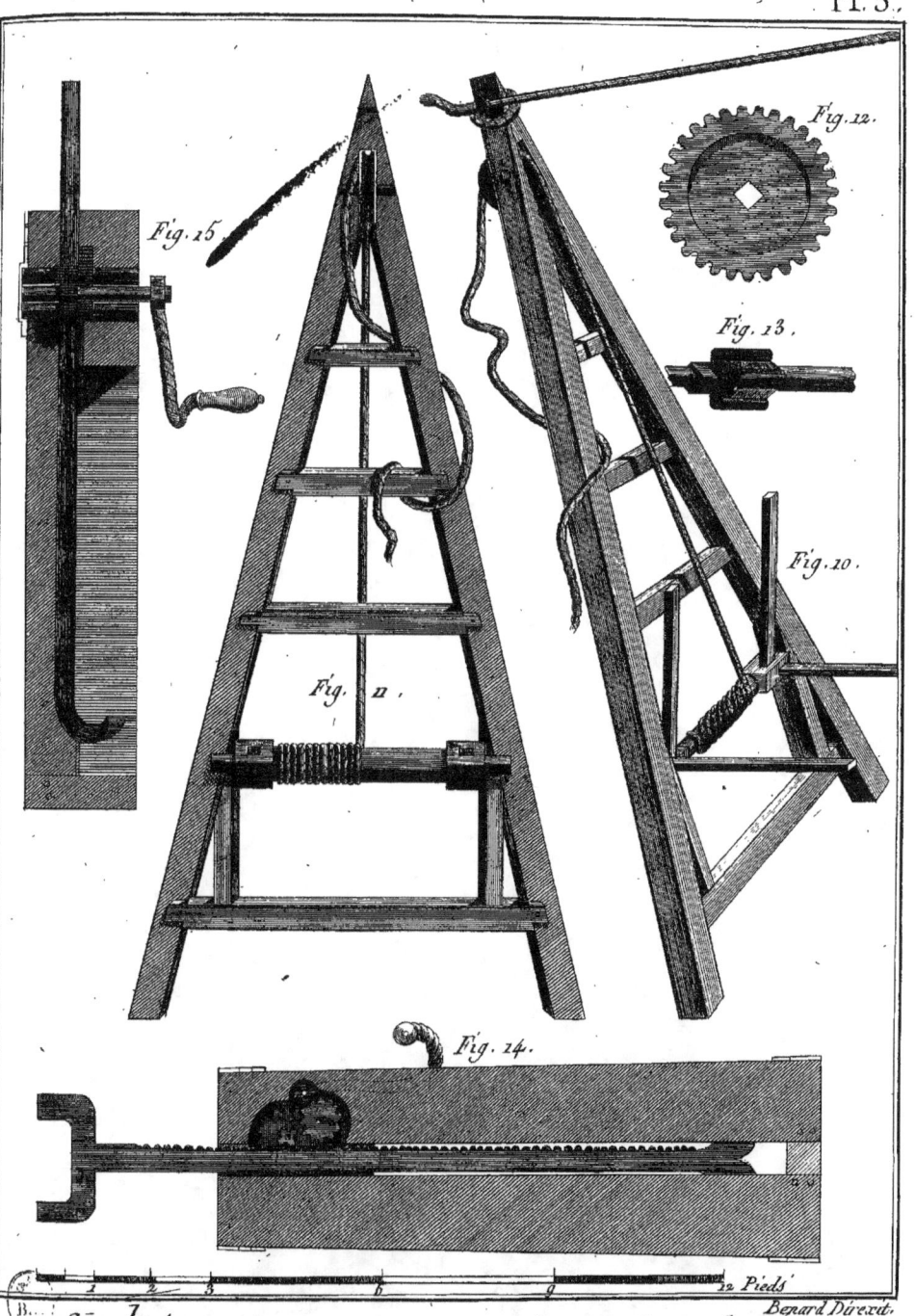

Sculpture, Instruments qui servent à monter le Marbre.

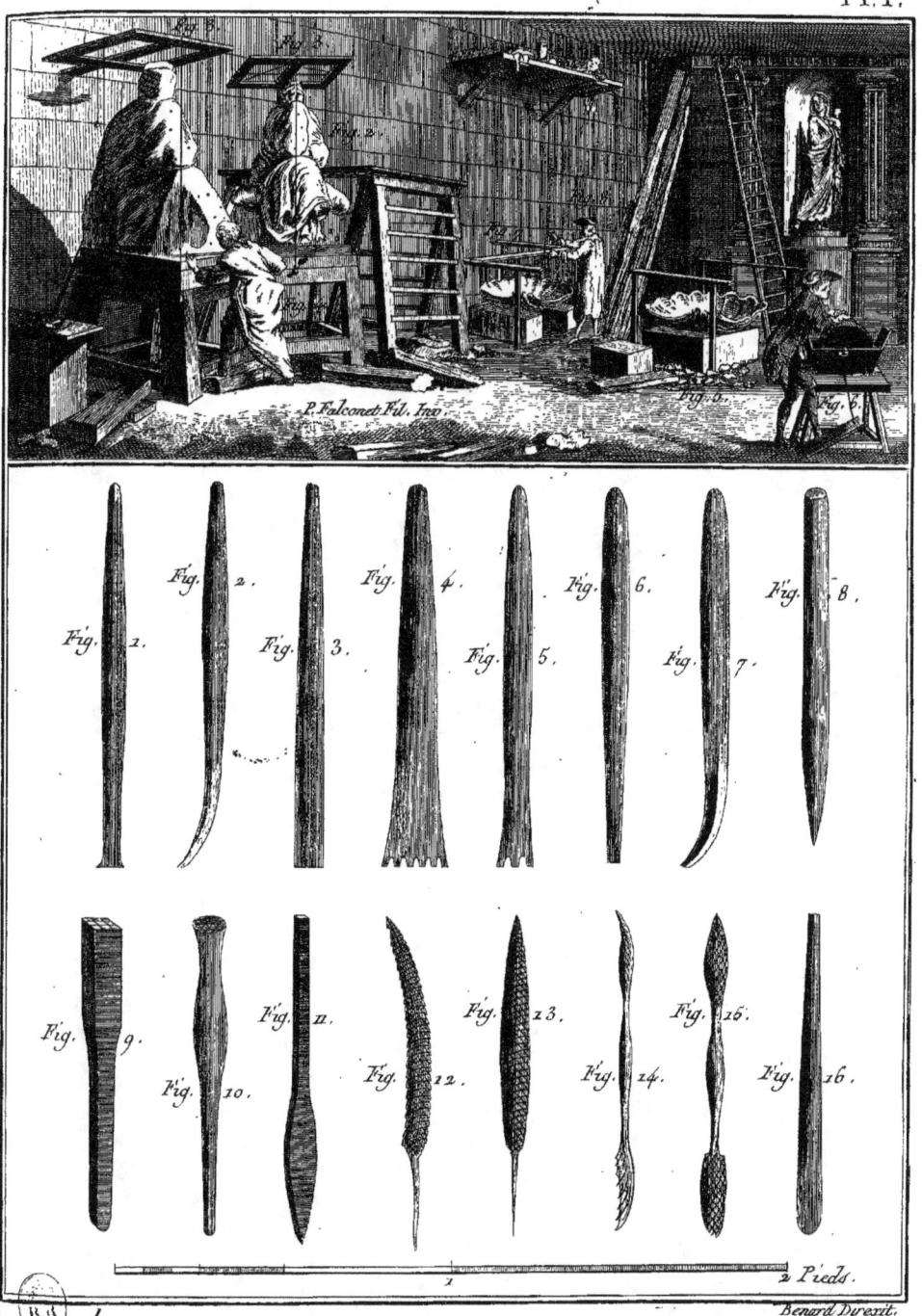

Sculpture, Différentes Opérations pour le Travail du Marbre et Outils.

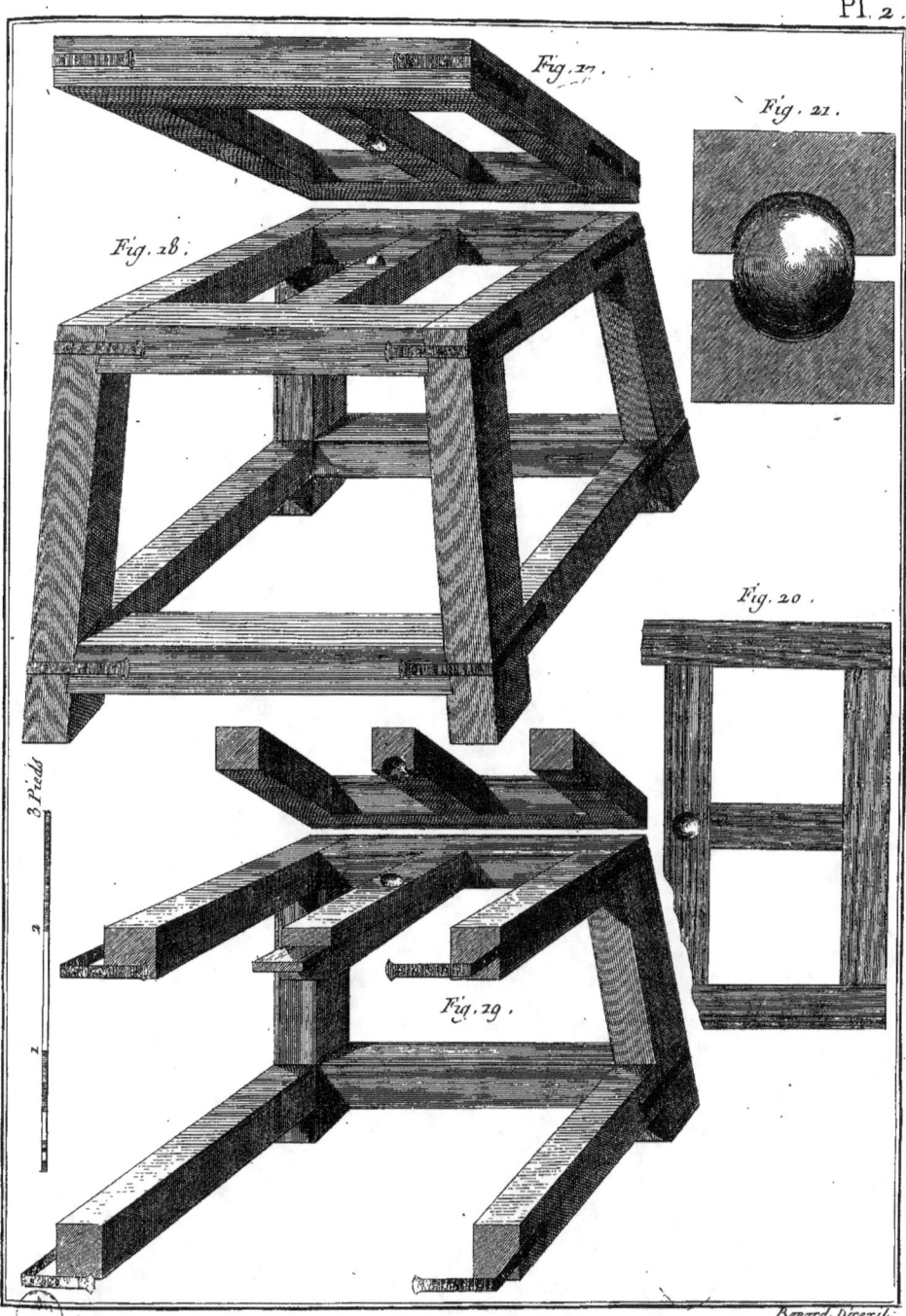

Sculpture, Plan, Coupe, Élévation et Perspective de la Selle pour poser le bloc de Marbre.

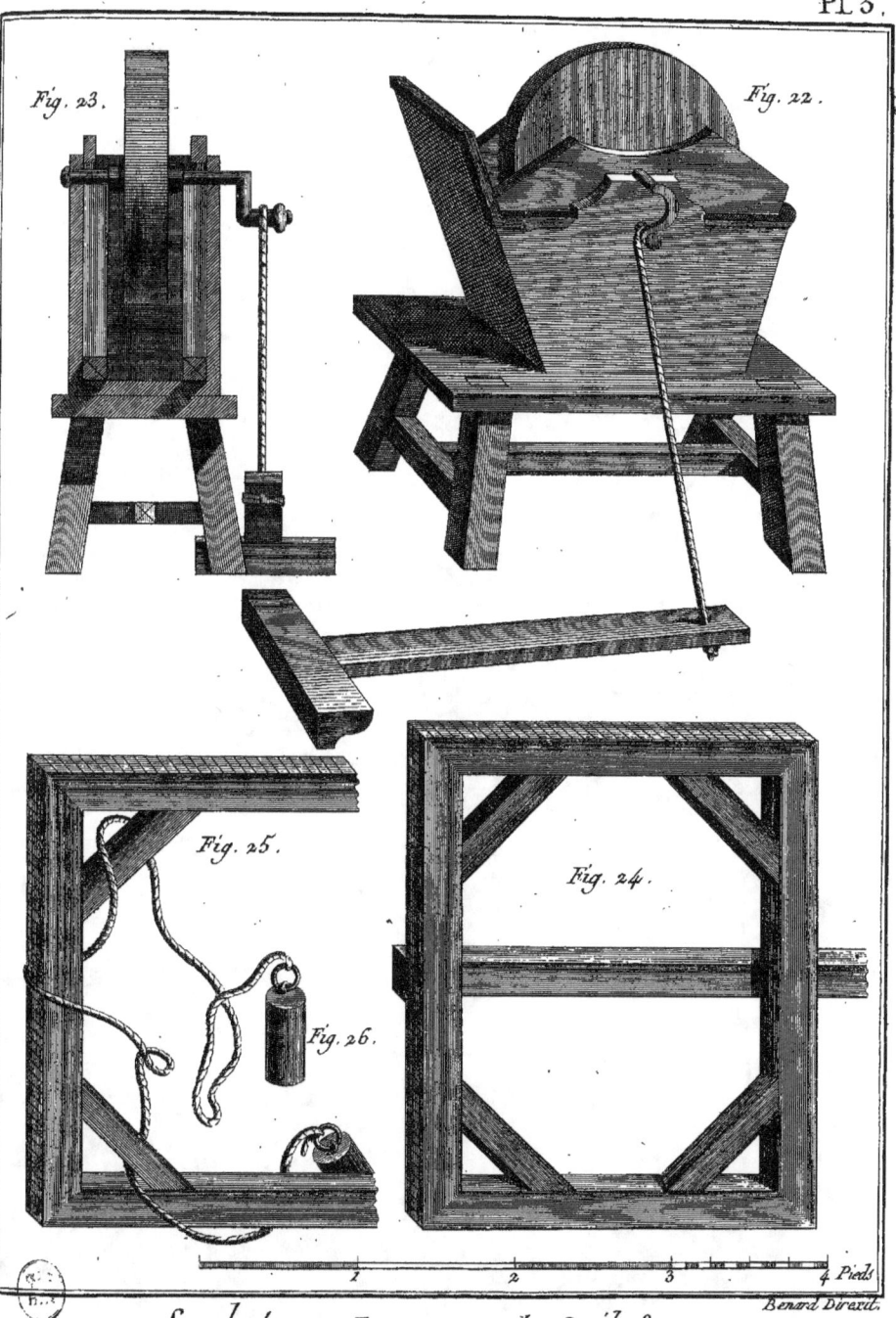

Sculpture, Equerre, Meules, Outils &c.

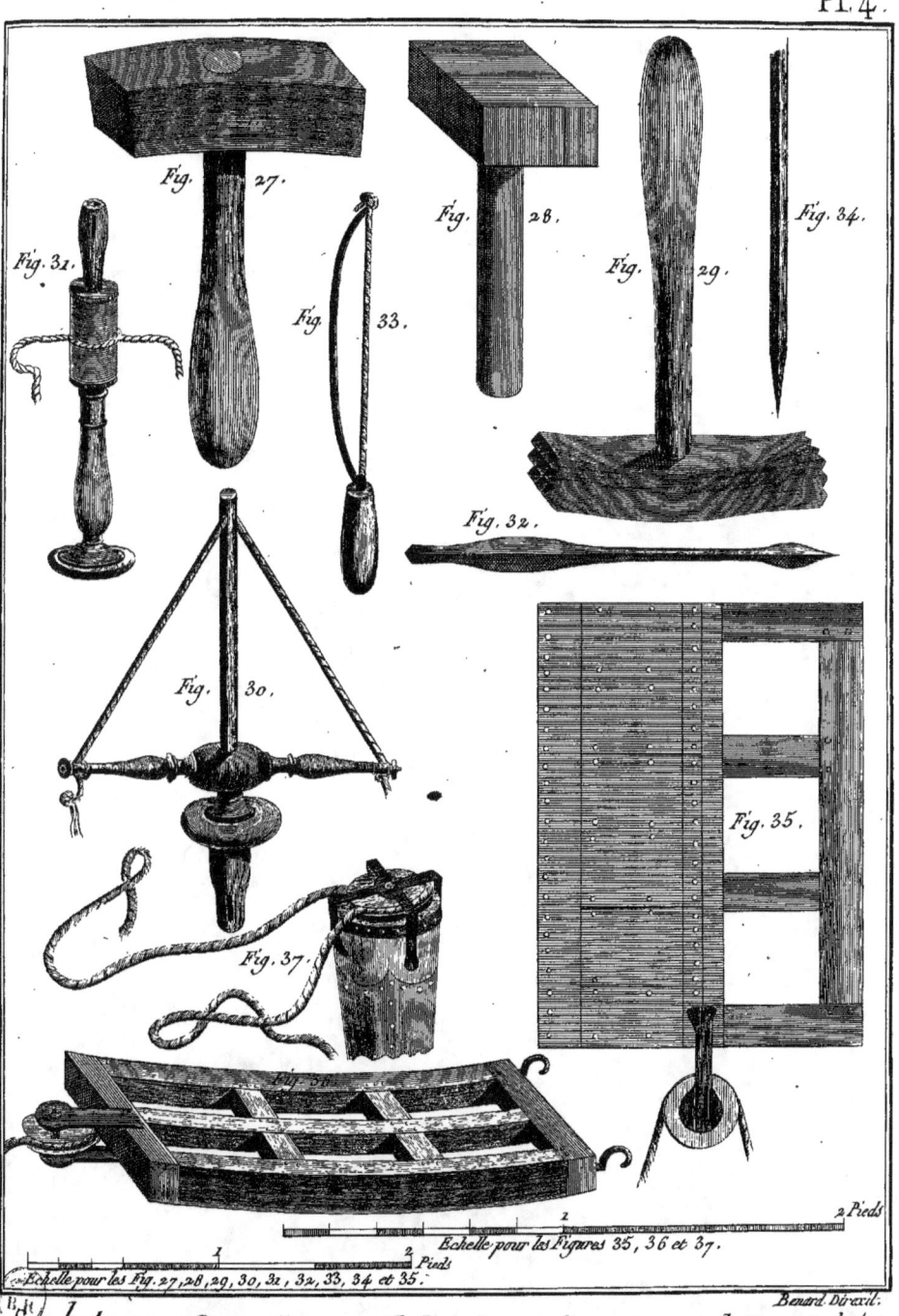

Pl. 4.

Sculpture, Différens Outils pour travailler le marbre et Machine pour transporter les Figures Sculptées.

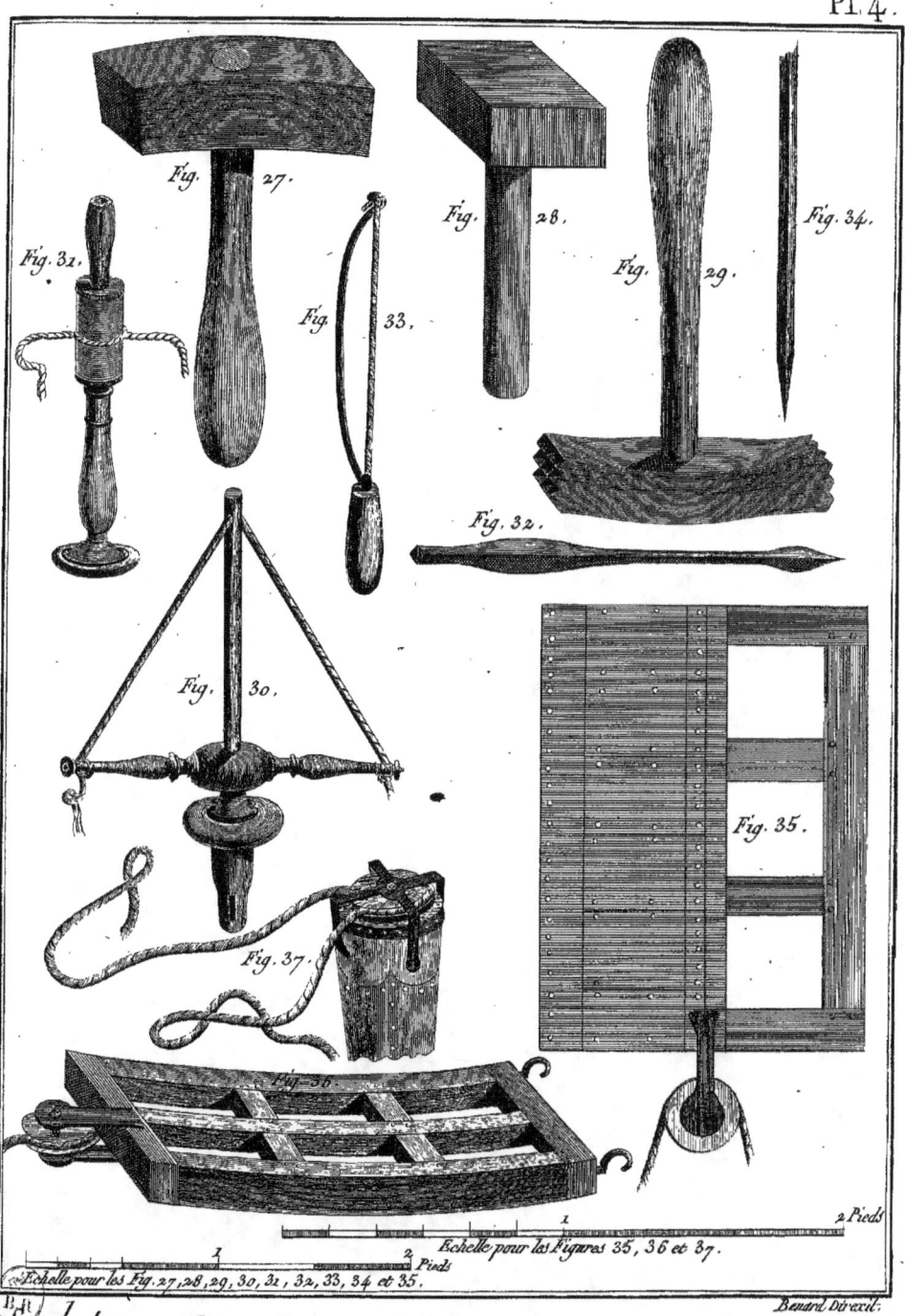

Sculpture, Différens Outils pour travailler le Marbre et Machine pour transporter les Figures Sculptées.

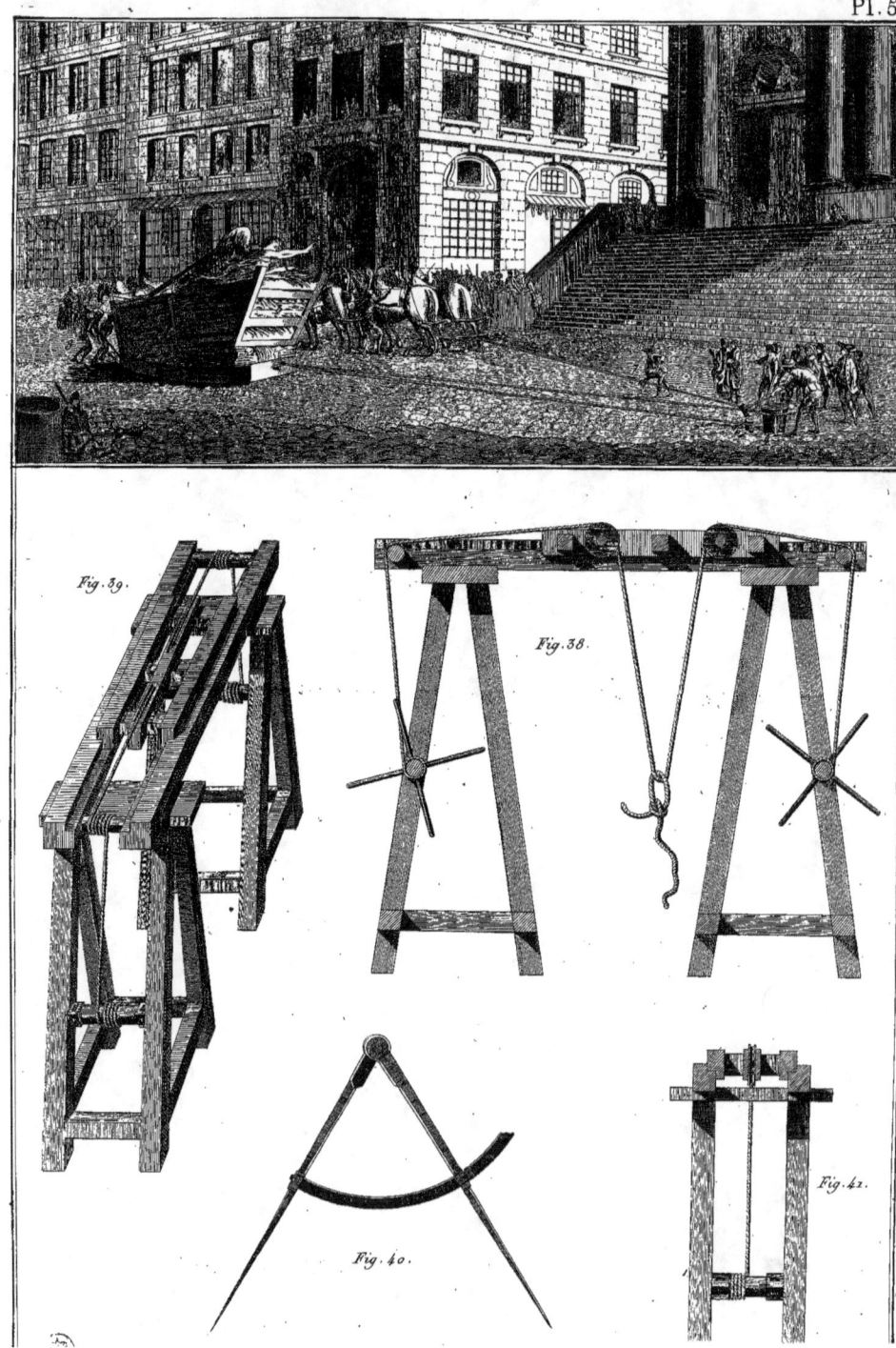

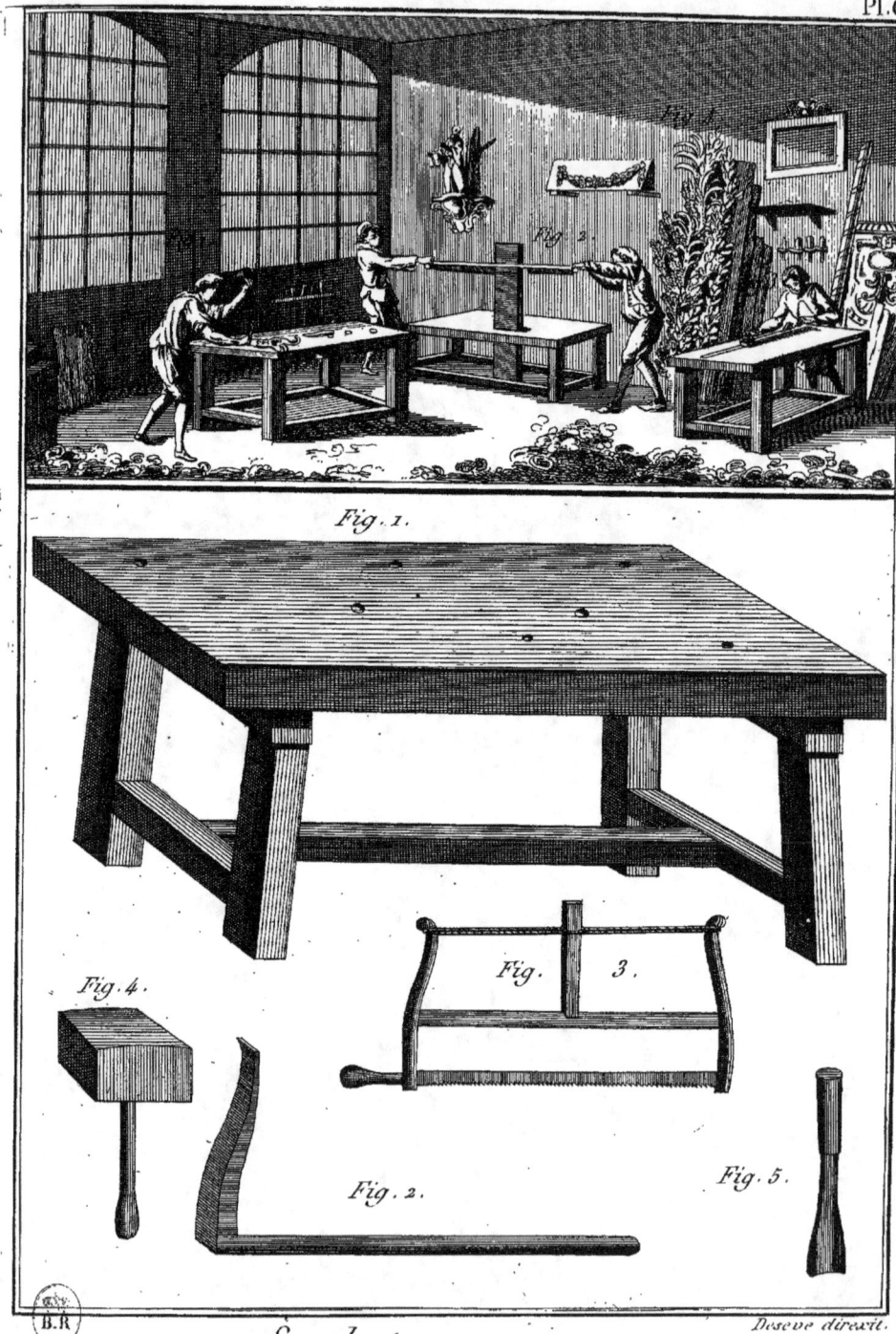

Sculpture en Bois.

www.ingramcontent.com/pod-product-compliance
Lightning Source LLC
Chambersburg PA
CBHW052245220526
45471CB00001B/193